사랑으로 말하는 진리

깨끗한 음식을 깨끗한 그릇에, 좋은 말을 좋은 태도에

그리스도인들은 그 책의 사람들, 바로 성경의 사람들입니다. 성경에만 권위를 두고, 성경대로 살며, 성경에 자신을 계시하신 삼위 하나님만을 예배하고 사랑합니다. 이에 **그 책의 사람들**은 하나님께만 영광 돌리고, 하나님의 나라와 교회의 번영과 행복을 위해 성경에 충실한 도서들만을 독자들에게 전하겠습니다.

사랑으로 말하는 진리

깨끗한 음식을 깨끗한 그릇에,
좋은 말을 좋은 태도에

한재술 지음

차례

추천하는 글 · 6
글을 열며 · 9

1 어떻게 말하는가에 따라 달라지는 말맛 · 21

- 무엇을 말하는가 VS 어떻게 말하는가
- 듣는 사람 입장에서 말하고, 말하는 사람 입장에서 듣기
- 말맛에 따라 달라지는 말
- 신중이 써야 하는 부사
- 내용에 대한 단호한 태도와 겸손

2 의견 대립이 있거나 어떤 문제가 제기되었을 때 · 43

- 성경만이 기준인 그리스도인
- 극장의 우상
- 내가 틀렸다고 인정하기
- 바른 자세로 대하기
- 사랑으로 기다리기
- 성경적인 것을 찾는 것 자체가 최종 목적이 되지 않게 하기
- 원칙(기준)과 예외(융통성)
- 해도 되고 안 해도 된다면
- 말씀과 교회 전통에서 이전에 보지 못한 새로운 이야기에 대해 말씀을 연구하고 적용하는 자세
- 사람들의 진지한 문제 제기를 가벼이 여기지 않기
- 겸손
- 세워 주기, 낮은 자세로 말하기

3 덕을 세우고 은혜를 끼치기 위해 · 103

· 좋은 음식을 깨끗한 그릇에
· 덕을 세우고 은혜를 끼치기 위해
· 그리스도인의 표지

글을 닫으며 · 116

추천하는 글

이 책은 "말맛에 관한" 책입니다. 아니, 다시 소개하겠습니다. 이 책은 "말맛에 관한 최고의 책"입니다.

가장 먼저, 이런 글을 적어 주셔서 고맙다는 말씀을 저자에게 드리고 싶습니다. 평소에도 사석에서 자주 하는 이야기지만, 한국 교회에 꼭 필요하나 학자들이 좀처럼 다루지 않는 글을 걸실걸실 써주시는 것이 한재술 작가가 지닌 역할이자 가장 큰 매력이라 생각합니다. 누구나 머릿속으로 생각할 수는 있지만 누구나 이렇게 조근조근 말하지는 못합니다.

책의 제목은 원래 "말하기 듣기 읽기 쓰기"였다고 합니다. 원고를 받아들고 읽다가 멈칫하고 저자께 되물었습니다. "이 책 제목을 누가 지었나요? 제목이 조금 심심하다는 생각은 안 드세요?" 책이 담고 있는 섬세하고 아기자기한 유익거리들을 제목이 다 표현치 못한 느낌에 아쉬움의 한숨이었습니다. 그저 그런 책이겠거니 선입견으로 바라볼지도 모를 독자들을 떠올렸습니다. 그런데 우리의 저자는 이렇게 답하더군요. "제목이 강렬하거나 그러지는 않지만…. 누구에게나 무난하며, 글의 내용을 잘 담고 있다고 생각합니다." 질문하기 전보다 더 맥빠지는 대답이 돌아왔습니다. 늘 그렇듯 그는 그냥 있는 그대로를 말하고 표현하는 사람이었습니다. 이분은 말 그대로 "이 책 자체"입니다. 말을 착하게(겸손하고 부드럽게) 하시는데도, 이상하게 거기 힘이 실려 있습니다. 더구나 그 말을 담은 그릇인 이 책자는 비록 보기엔 아담한 크기지만 결코 작은 분량이 아닙니다. 저는요, 이런 주제로 이만큼의 분량을 뽑아내는 사람을 본 적이 없습니다. 그런 사람이 맘 먹고 쓴 말하는 자세에 관한 책입니다.

오늘도 본의 아니게 참 많은 말을 하며 살고 있는 저 자신을 참 많이도 반성케 해준 책이었습니다. 자, 더 이상의 설명은 생략합니다. 자세를 고쳐 잡고 앉아서 읽어 보세요. 어느덧 빠져들어 읽다가 어느 순간 짜릿한 감동이 몰려오는 그 순간을 어서 느껴 보세요. "성경적인 것을 찾는 것 자체가 최종 목적이 되지 않게 하기", "썸을 탄다는 말과 구혼을 준비한다는 말은 얼마나 다른가요?", "마음을 따라 말이 나오기도 하지만, 우리가 한 말에 따라 마음이 따라가기도 하는 것입니다"…. 아무렇지 않다는 듯 순진한 얼굴에 초롬한 눈빛으로 이런 명언을 척척 쏟아 내는 저자를, 독자의 한 사람으로서 어찌 사랑하지 않을 수 있을까요?

저는 이 책을 더 많은 분들이 보게 하고 싶습니다. 이 책이 필요한 사람은 얼마든지 있거든요. 그래서 저부터 이 책을 많이 사려고 합니다. 아주 많이…. 그래서 말을 '잘'하는, 그래서 진리와 사랑이 넘쳐흐르도록 하는 그런 시절을, 가까운 분들과 함께 만들며 맛보고 즐기고 싶습니다.

황희상_『특강 소요리문답』 지은이

글을 열며

사랑으로 말하는 진리
- 깨끗한 음식을 깨끗한 그릇에, 좋은 말을 좋은 태도에

우리는 모두 누군가가 우리에게 복음을 말해 줬기 때문에 복음을 들었고 믿게 됐습니다. 지금도 우리는 꿀보다 더 단 하나님의 말씀을 계속 듣고 있습니다. 한편 우리는 이 큰 하나님의 일과 구원의 기쁨을 다른 사람에게 전합니다. 전도일 수도 있고, 동료 그리스도인과 나누는 간증과 같은 일일 수도 있습니다.

이에 더하여 우리의 믿음을 더욱 굳게 세우고 또 바로 알기 위해 쓰인 책이 많이 있습니다. 진리를 전하는 것뿐만 아니라 확증하고 변호하며, 또 어떤 이들을 위로하고 도전하기 위해 쓰인 책들은 그것을 읽는 사람들에게 실제 그 목표와 의도를 이루어 냅니다. 우리는 좋은 책들을 읽고 나눔으로 함께 하나님을 알아 가고 신앙을 배웁니다. 함께 자라가고, 한

신앙 안에 있게 됩니다. 또 이런 신앙의 교제를 위해 계속해서 책을 쓰고, 잡지에 글을 싣고, 인터넷 상의 여러 게시판과 페이스북Facebook 같은 사회관계망서비스(SNS: Social Network Service) 등에 계속해서 신앙에 관한 글을 올립니다. 우리는 서로 글을 쓰고 읽으면서 진리로, 마음으로 교제합니다.

한편 이런 말(글, 언어)의 기능은 단순히 무엇인가를 알고, 생각과 감정을 전하고, 경험을 나누는 데서 그치지 않습니다. 진리의 사람인 신자에게 말은 결코 중립적인 것이 아닙니다. 말은 때로 누가 어떤 마음을 갖고 사용하느냐에 따라 의미가 달라지기도 하지만, 말(그리고 그 의미) 자체가 덕스러운 것도 있고 아름답지 않은 것들도 있습니다. 하나님을 예배하고 찬양할 때, 복음을 이야기할 때 사용하는 말뿐만이 아니라 서로에게 사용하는 말들 모두가 그렇습니다. 따라서 우리는 선한 마음으로 말을 사용하는 것뿐만 아니라, 아름답고 좋은 말을 사용해야 합니다.

이 작은 책에서 저는 여러분과 함께 그리스도인의 말의 태도에 대해 같이 생각해 보고자 합니다. 저는 우리가 진리의 사람들이기 때문에 '말'이 우리가 나눌 신앙적인 주제가 되어야 한다고 생각합니다. 우리는 진리의 사람들입니다.

우리는 진리를 알고, 진리를(로) 고민하고, 진리로 교제하고, 진리 때문에 의견충돌이 있고, 진리 때문에 함께 하기도 나누어지기도 합니다. 진리의 문제가 아니라면 우리는 세상 사람들이 대화와 타협, 절충이라는 말을 쓸 때 전제하듯이, 또 그 의미에 맞게, 생각과 의견이 일치하지 않는 문제에 대해 서로 좋게 해결할 수 있습니다. 조금씩 양보해서 맞춰 나가면 됩니다. 그러나 우리는 진리의 사람들입니다. 우리는 계시된 진리가 무엇인지를 배우고, 우리의 모든 것을 진리에 맞추고, 그 진리에 순종해야 합니다. 그리고 진리만을 전해야 합니다.

그런 우리가 다른 사람들과 의견이 크게 충돌하거나 갈등이 생기거나 심지어는 원수가 되는 일은 크게 두 가지 경우입니다. 진리의 '내용'에 대해 서로 다르게 생각하는 경우가 하나입니다. 다른 하나는 진리의 내용을 전하는 '태도'입니다. 이 책에서는 주로 이 '태도'에 대해 여러분과 같이 생각하고 싶습니다.

'어떻게' 말하는가는 아주 중요합니다. (내용 자체에 대한 갈등과 충돌은 잠시 제외하겠습니다.) 내용 자체가 거룩하고 덕스럽고 아름답지만 생각과 환경과 처지가 서로 다른 사람들이 생각을 주고받을 때 문제가 생길 수 있기 때문입니다. 그것은 단순한 오해일 수도 있고, 우리의 죄와 연약함에 기인한 적의일 수도 있습니다.

맛나고 몸에도 좋은 음식을 더러운 손으로 다른 사람들에게 건네 주는 사람은 없습니다. 깨끗하지 않은 그릇에 담아 주는 일은 없습니다. 그릇에 담긴 것이 아무리 좋은 음식이어도, 많은 정성을 들여 만든 음식이라도 더러운 손으로 건네 주는 행동은, 깨끗하지 않은 그릇에 담아 주는 그런 행위들은 음식을 받는 사람을 무시하고 모욕하는 일까지 됩니다. 결국 그 음식 자체를 더럽게 만듭니다.

물론 음식에 관해서는 실제 의도적으로 이렇게 하는 경우는 없을 것입니다. 하지만 말에 관해서는 안타깝게도 이런 경우가 종종 있습니다. 진리를 다른 사람들에게 알려 줄 때, 성경에 보다 충실한 진술을 다른 사람에게 확인시키고자 할 때 말입니다. 우리는 상대방이 우리가 이렇게 중요하게 여기는 내용을 그 정도로 생각하지 않을 때 쉬이 마음이 상하고 분노합니다. 상대방이 우리의 생각과는 다른 것을 더 사랑할 때 그 사람을 정죄하기도 합니다.

네, 진리를 가리키고 전달하는 언어가 아름답고 바르게 사용되어야 함에도 우리의 본성과 죄로 말미암아 언어가 (그리고 본질적으로는 우리 마음이) 진리를 왜곡할 때가 있습니다. 우리의 유한함으로 소통에 오해가 생기거나 마음이 충분히 전달되지 않아 속상하고 눈물을 흘려야 할 때가 있습니다.

어떻게 사랑으로 진리를 말할 수 있을까요? 태도의 거룩함은 무엇일까요? 상대방을 배려하며 말할 때 어떤 일이 일어날까요?

우리는 기독교 최고의 덕목이라 불리는 겸손의 위대함을 다시 생각해 보기도 할 것입니다.

더 나아가기 전에 독자 여러분께 고백해야 할 것이 있습니다. 이 책에 나오는 많은 나쁜 예는 바로 저의 이야기입니다. 저는 진리를 아름답게 말하고 덕스럽게 전하는 태도를 온전히 배우지 못한 채 다른 사람들을 많이 정죄했습니다. 저에게는 이렇게나 중요한 것이 다른 사람에게는 그렇게 받아들여지지 않을 때 쉬이 분노하였습니다. 저는 지금도 그렇지만 이전에는 훨씬 교만했습니다.

청년 때입니다.

당시는 제가 성경과 신앙서적을 통해 복음이 무엇인지, 건강하고 바른 신앙이 무엇인지를 막 알기 시작하던 때였습니다. 그래서 저는 꽤 열정적이었으며, 제가 발견한 보물들을 다른 사람들에게도 기회가 닿을 때마다 알려 주고 싶었습니다. 그런 마음으로 한 일들 중 하나가 제가 공부하고 배우고 고민한 것들을 짧게라도 글로 정리해서 사람들과 함께 나누는 것이었습니다. 그러다 보니 몇 가지 주제에 대해 좀더 관심이 많아졌고, 자연스럽게 그 주제들에 대해 더 많이 공부하게 됐고, 공부한 내용들을 글로 정리하기 시작했습니다. 지식과 경험이 더해질수록 그 글들은 분량이 늘어가기도 하고 내용이 구체화되기도 했습니다. 저는 그 내용들을 나누기 좋아했습니다.

감사하게도 적지 않은 사람이 제가 정리한 글들을 좋아해 주었고, 어떤 지체들과는 그런 주제들에 대해 같이 공부하는 일들이 자주 생기기도 했습니다. 저는 분에 넘치는 사랑을 많은 사람에게 받았습니다.

시간이 흐르면서 새로운 공동체에 속하게 되었고, 저는 저의 고민들과 글들이 새로운 공동체의 지체들에게도 도움을 줄 수 있을 것이라 생각했습니다. 그래서 기회가 있을 때마다 신앙에 대해 나누려 했고, 몇몇 글들을 인터넷상에 있는 부서 게시판에 올리기 시작했습니다.

그러던 어느 날, 제가 올린 글 중 하나에 대해 부서 목사님께서 혼을 내시는 글을 올리셨습니다. 부서 목사님께서는 제가 글에서 비판적인 이야기를 하면서 담임 목사님을 언급한 것을 나무라셨습니다.

저는 담임 목사님을 언급한 것이 여러 사람의 마음을 불편하게 했다면 죄송하다고 글을 올렸습니다. 하지만 제가 담임 목사님을 언급한 부분은 비판적인 이야기들 사이에 담임 목사님과 관련된 좋은 사례였습니다. 그래서 저는 담임 목사님을 언급하는 것 자체가 교회 공동체 자체에서 문제가 되는지, 또 제 글을 정확히 읽어 보셨는지 궁금하다고도 글로 여쭈었습니다. 부서 목사님은 제 글을 다 읽어 보지는 않았지만 담임 목사님을 그런 식으로 언급해서는 안 된다고 하시며 또 혼을 내셨습니다.

저는 이해가 안 됐고 억울한 마음이 들었습니다. 속상했습니다. 그러면서 대체 뭐가 문제일까를 생각하며 계속해서 제가 올린 글들을 읽어 봤습니다. 그리고 저는 한 가지를 깨닫게 되었습니다. 이전에는 몰랐는데 제가 참 교만하게 글을 올렸다는 사실을 알게 된 것입니다. 처음 글을 올릴 때만 하더라도 제 딴에는 겸손하려 노력한다고 생각했는데, 아니었습니다. 저는 높은 위치에서 사람들을 불쌍하게 쳐다보며 거만하게 가르치고 있었습니다.

주일을 앞둔 토요일에 저는 여러 감정이 교차했습니다. 주중에 인터넷 게시판에서 일어난 일을 이미 상당수의 사람들이 관련 글들을 읽거나 전해 들어서 알고 있었기에 온통 그 일이 제 생각과 마음을 사로잡았습니다.

저는 제가 교만한 태도로 그렇게 많은 사람을 훈계하듯 가르치려 했던 사실이 너무 창피했습니다. 그리고 두려웠습니다. 사람들이 저를 어떻게 생각할까를 생각만 해도 괴로웠습니다. 하지만 더 두려운 것은 저의 태도 때문에 제가 회심하도록 인도해 준 복음이, 성경이 가르쳐 준 신앙의 열매라고 믿어 온 것들이, 저에게만이 아니라 함께 고민하던 친구들에게도 기쁨을 주었던 진리의 내용들이 부정되지는 않을까, 외면받지는 않을까 하는 것이었습니다.

한편 제 마음은 부서 목사님께서 지적하신 부분이 여전히 이해되지 않은 것과 무엇보다 목사님께서 제 글을 다 읽어 보지도 않으시고 제 글을 판단하신 것 때문에 억울하고 화가 나기까지 했습니다.

저는 주일에 제가 속해 있는 소그룹에서 이 일에 대해 말했습니다. '교만한 마음으로 감히 가르치듯 글들을 올렸다. 홀로 의로운 것처럼 교만한 태도를 지니고 있었다. 하지만 원래 그런 의도는 아니었다. 용서해 달라'고 말입니다. 지체들은 '괜찮다. 누구라도 실수할 수 있다. 우리는 너의 열정으로 이해하고 있다'며 분에 넘치는 사랑으로 저를 용납해 주고 받아 주었습니다. 저는 고개를 들 수 없었고, 교회의 사랑에 크게 감사했습니다. 앞으로는 말하기보다는 잘 배우고, 사랑의 마음이 아니라면, 겸손한 태도가 아니라면 말하지 말자고 다짐했습니다.

하지만 제가 억울한 부분을 이야기했을 때, '목사님께서 제 글을 다 읽지 않으시고 판단을 하셨고, 그래서 오해에 기초해 저에게 잘못된 말을 공개적으로 하셨으며, 그런 사실을 알려 드렸는데도 목사님께서 올리신 글에 대해 어떠한 조치도 취하지 않으시고, 저에게도 사과를 안 하신다. 속상하고 억울하다'라고 말했을 때는 대부분의 사람이 침묵했습니다. 한두 사람은 목사님께서 그럴 분이 아니시니, 아직 말씀을 안 하신 것일 테니 좀 기다려 보라는 말을 했지만, 대부분의 사람은 말 그대로 그냥 침묵했습니다. 그리고 저는 그 공동체를 떠나는 순간까지 그 일에 대해 그 목사님께 직접적으로든 간접적으로든 사과를 받지 못했습니다.

1, 2년 뒤에 그때 그 일을 다시 생각했을 때는 이전에 '내가 참 겸손하지 않고 많이 교만했구나'라는 생각들조차 사실은 충분하지 않았다는 생각을 하게 됐습니다. 이때만이 아니라 시간이 지날수록 당시에 제가 얼마나 교만하고 건방졌는지가 점점 더 크게 느껴졌습니다. 그래서 더욱 창피하고 부끄러웠습니다. 하나님 앞에 많이 회개했습니다.

그때 그런 저를 따뜻한 얼굴과 부드러운 말과 넓은 사랑으로 용납해 준 지체들을 지금도 기억합니다. 그 지체들이 있었기에 저는 계속해서 그 공동체에서 신앙생활을 할 수 있었습니다.

모습이나 정도만 다를 뿐 이런 일이 저의 경험만은 아닐 것입니다. 우리에게는 하나님과 교회와 진리를 향한 사랑이 있습니다. 그런 사랑은 우리로 하여금 각자가 갖고 있는 지식과 각자의 경험과 각자의 환경과 상황에서 어떤 방향으로 나아가게 합니다. 그러나 우리는 유한하며 무엇보다

죄인이어서 어떤 방향으로 나아가도록 하는 지식과 경험이, 더 나아가서는 그렇게 하게 하는 하나님과 교회와 진리를 향한 사랑이 종종 부족하고 잘못됨으로 고통과 아픔을 겪기도 합니다.

하나님께서 저 같은 사람을 사랑해 주셔서 감사할 뿐입니다!

이 글을 쓰는 저부터, 또 함께 고민해 주시는 독자분들 또한 더는 이런 잘못과 실수를 하지 않기를, 그래서 잃어버리면 안 되는 소중한 사람들을 잃지 않기를 바랍니다. 우리가 그토록 사랑하는 이 진리가 그 내용만 아름다운 것이 아니라 그것을 사랑하는 사람들의 마음과 말과 태도 또한 아름답게 하며, 그렇게 되어야만 한다는 것을 저희 모두 같이 보게 되기를 바랍니다.

무릇 더러운 말은 너희 입 밖에도 내지 말고 오직 덕을 세우는 데 소용되는 대로 선한 말을 하여 듣는 자들에게 은혜를 끼치게 하라(엡 4:29).

1
어떻게 말하는가에 따라 달라지는 말맛

무엇을 말하는가 VS 어떻게 말하는가

어떤 사람들은 말의 내용을 더 중요시하는 반면, 어떤 사람들은 말을 전달하는 태도를 더 중요시합니다. 또 같은 사람이라도 처한 상황에 따라 말의 내용을 중요시하거나 말을 전달하는 태도를 중요시합니다. 우리가 말한 것에 왜 그렇게 반응하느냐고 따져 물을 때가 있고, 상대방이 옳은 말을 하되 우리의 자존심이 상하거나 우리가 여러 면에서 불리하고 감정이 상하는 상황에서는 말의 태도를 문제 삼기도 합니다. 우리는 많은 경우 우리의 자존심을 기준으로 세우며, 우리가 가장 옳다고 생각하고 상대방보다 우리가 더 낫다고 생각합니다.

하지만 상황에 따라 우리가 어떤 태도를 취하는가만을 생각해 봐도 말의 내용 자체와 말을 전달하는 태도 모두 다 중요하다는 것을 알 수 있습니다. 상황에 따라서가 아니라 내용보다 태도를, 또는 태도보다 내용을 더 중요하게 생각하는 사람에게도 말의 내용과 전하는 태도 둘 다 중요합니다. 아무도 다른 이에게 이것이 더 중요하다, 저것이 더 중요하다 강제할 수 없습니다. 말의 내용 자체가 더 중요하다는 것이 전하는 태도는 아무 의미도 없다는 것은 아니기 때문이며 반대의 경우도 마찬가지입니다.

여기서 중요한 점은 우리 입장에서는 이해하고 배려하는 마음을 지녀야만 하지만, 다른 사람에게는 이해하고 배려하라고 강제할 수 없다는 것입니다.

우리가 말의 내용 자체와 말의 태도 모두를 중요하게 생각할 때 우리는 다른 사람들을 더 많이 배려하고 이해하게 될 것입니다. 서로가 그렇게 할 때 우리는 종종 부딪히게 되는 이런 소소한 문제들 없이 서로 즐겁게 교제할 수 있습니다.

듣는 사람 입장에서 말하고,
말하는 사람 입장에서 듣기

말은 말맛(어감)에 따라 의미와 분위기가 달라질 때가 많습니다. 이 문제를 살필 때 중요한 것은 우리가 말하는 사람의 입장에 있을 때는 그렇게까지 생각하고 말한 것이 아닌 경우가 많은 반면, 말을 듣거나 글을 읽는 입장에 있을 때는 조사와 부사 하나까지도 크게 받아들인다는 사실입니다.

인격이 훌륭한 사람들과 높은 글쓰기 훈련을 받은 몇몇 사람들에게는 해당되지 않겠지만, 이 글을 쓰고 있는 저 자신을 비롯해 대부분의 사람은 이런 내용만 기억하여 좀더 신중하고 좀더 조심하면 많은 문제를 일어나지 않게 할 수 있습니다. 즉 우리가 말하고 글을 쓸 때는 듣고 읽는 사람을 최대한 배려하여 조사와 부사 하나의 의미를 곰곰이 생각하여 말하고 글을 쓰는 것입니다. 우리가 듣는 입장일 때는 최대한 너그러운 마음으로 논리적으로 치명적인 오류가 아닌 이상 긍정적으로 해석하고 받아들이는 것입니다. 이것은 사회에서 독서하는 법에 대해 말할 때, 특히 논쟁적인 책을 읽을 때 반드시 필요하다고 보는 기본 태도 중 하나이기도 합니다. 세상 사람들이 자기와 반대되는 지점에 있는 문제에 대해 논하는 주장과 의견을 대할 때도 이런 태도를 지니는데 하물며 그리스도인은 더욱 인격적이어야 하지 않을까요?

말맛에 따라 달라지는 말

　기도를 열심히 해.
　기도는 열심히 해.
　기도도 열심히 해.
　기도나 열심히 해.

　위 네 문장은 조사 하나로 말맛이 미묘하게 바뀌는 경우입니다.
　"기도를 열심히 해"는 다른 세 문장과 비교하면 가장 중립적으로 보입니다. 기도를 한다는 사실 자체를 이야기하고 있습니다.
　"기도는 열심히 해"에서 '는'은 '다른 것은 몰라도 이것은'이라는 의미를 전달합니다. 그런데 이 "다른 것은 몰라도 기도는 열심히 해"라는 문장은 그 자체로는 중립적이라고 할 수 있습니다. 이 문장 앞뒤로 어떤 이야기가 오느냐에 따라 좋게 보는 이야기일 수 있고, 비아냥거리는 이야기일 수도 있습니다. "그 친구가 성경을 열심히 읽는지, 삶에서 얼마나 말씀대로 살려고 하는지는 잘 모르겠습니다. 하지만 기도는 (정말) 열심히 합니다"와 같이 다른 내용은 아는 바 없지만 기도만큼은 열심히 한다는 것을 확인시켜 주거나, 증언하는 의미가 될 수도 있습니다. 또 "그 친구는 성경도 잘 안 읽고, 생활도 엉망입니다. 기도는 열심히 합니다"는 다른 것은 안 하지만 그래도 기도라도 열심히 한다는 뜻일 수도 있지만 다른 해야 할 것은 하지 않으면서 (자기가 좋아하는) 기도만 한다는 뜻일 수도 있습니다. 미묘한 차이지만 판단을 받는 입장에서, 더욱이 말에 민감할수록 감정적으로 반응할 수 있기에 "기도를 열심히 해"와 같이 되도록 중립에 가까운 표현을 쓰면 좋을 것 같습니다.

 "기도도 열심히 해"는 이 말 자체로 좋은 평가를 담고 있습니다. 물론 조사 '도'가 어떤 단어들과 어울리는가에 따라 다른 문장에서는 다른 의미를 담을 수도 있겠지만 여기서는 이론의 여지가 별로 없다고 생각합니다.

 (우리는 다른 것은 물론이요 기도도 열심히 하는 사람이 되어야겠

습니다.)

"기도나 열심히 해"는 여러 상황을 생각해 볼 수 있겠습니다. "기도도 안 하면서 불평만 늘어놓지 말고 기도라도 열심히 해"라는 의미일 수도 있고, "너무 걱정하지 말자. 우리가 걱정한다고 되는 것은 아니니, 기도나 열심히 하자"라는 의미일 수도 있겠습니다. 나이가 좀더 많은 사람이 적은 사람에게, 힘을 가진 사람이 어떤 문제 제기를 하는 사람에게 "잔말 말고 입 다물어"라는 의미로 하는 말일 수도 있습니다. 같은 말이라도 상황에 따라, 또 누가 어떻게 말하느냐에 따라 말은 다양한 내용과 분위기를 전달합니다.

이런 내용이 너무 뻔한 예일지도 모르겠습니다. 하지만 실생활에서 우리는 정말 사소한 표현과 문제로 감정이 상하고 소통에 어려움을 겪는 경우가 많습니다. 저부터도 결코 자유롭지 못합니다. 여러분께서 저와 같은 사람의 어려움을 알고 도와주시면 좋겠습니다.

부정표현의 경우도 보겠습니다. 단어 자체가 부정적인 경우 그 단어에 대한 부정표현을 쓰는 것도 좋은 방법입니다.

"그것은 미련한 행동이야"라는 말보다는 "그것은 지혜롭지 못한 행동이야"가 정도가 약해서 좀더 부드러운 표현입니다.

"지저분하다"보다는 "깔끔하지 않다"가 덜 자극적입니다.

때론 어떻게 말해도 큰 차이가 없어 보일 수도 있습니다. 하지만 우리가 상대방을 배려하고, 우리의 감정을 잘 다스리려 노력하며 말할수록 우리만 변하는 것이 아니라 우리의 말을 듣는 사람들도 우리의 진심 어린 마음을 알아줄 것입니다.

신중히 써야 하는 부사

이번에는 부사의 경우를 볼까요?

부사도 우리가 어떤 입장에 있는가에 따라 단어 선택이 달라지는 경우입니다. 우리는 우리 자신을 변호하거나, 우리의 감정, 처한 상황을 강조하기 위해 여러 부사를 사용합니다. 실제보다 조금 과장되는 경우도 있겠으나 우리는 그러한 부사 사용을 자연스럽고 정당하게 사용합니다.

한편 누군가가 우리를 판단할 때와 우리가 누군가를 판단할 때 같은 단어나 말이라도 우리의 입장 차이가 존재하기도 합니다.

너 왜 항상 그래!
걔는 원래 그래.
이게 다 뭐야!

'항상', '원래', '다'

사실 '항상 그런' 경우는 그렇게 많지 않습니다. 진리의 말씀과 '해가 뜬다', '겨울이 온다'와 같은 자연적인 일은 항상 그러합니다. 하지만 사람과 어떤 일에 대해서는 이런 단어를 함부로 쓰면 안 됩니다. 사람은 변할 수 있으며 우리는 우리 자신과 상대방 모두 변화하기를 바라기 때문입니다.

물론 지금 화가 나 있는 상태고, 그래서 홧김에 하는 말이며, 상대방도 그런 면을 이해해 줄 수 있습니다. 하지만 듣는 사람이 크게 상처받을 수도 있고, 우리는 홧김에 그저 말해 본 것인데, 그 말이 실제 그 사람에 대한 우리의 평가를 확정지어 버리는 경우가 생기기도 합니다.

우리는 우리가 내뱉는 말과 글의 이전과 이후에 감정이 달라진다는 것을 경험으로 압니다. 실제 그렇게까지 생각했던 것은 아닌데 어떤 말을 하면 그 말에 충실한 감정이 생겨나는 것입니다. 마음을 따라 말이 나오기도 하지만, 우리가 한 말에 따라 마음이 따라가기도 하는 것입니다. 그래서 우리는 말을 신중히 해야 합니다.

무엇보다 그리스도인인 우리는 우리 자신과 상대방 모두 하나님께서 거룩하게 빚어 가실 것을 확신하며 따뜻하고 친절한 말로 우리의 사랑을 표현해야 합니다. 하나님께서 버리지 않으셨다면 우리도 버리지 않아야 합니다. 하나님께서 끊임없이 사랑하시고 돌보신다면 우리도 사랑하며 섬겨야 합니다.

이런 보기도 함께 살펴보고 싶습니다. '아무 관련이 없다'와 '큰 관련이 없다'는 다릅니다. 우리가 다른 사람의 말이나 글의 어떤 부분에 그 이야기는 아무 관련이 없다고 말하는 것과, 큰 관련이 없다고 말하는 것은 크게 다릅니다. 상대방은 전혀 다르게 받아들입니다. 우리가 무심코, 또는 강조하고자 쓴 표현('아무')이 상대방에게는 상대방의 모든 것을 부정하게 하거나 송두리째 뺏을 수 있는 것입니다.

말은 한 번 입 밖으로 나오면 교정하기가 쉽지 않고, 글도 한 번 전해지면 생각이나 표현을 고치기가 쉽지 않기 때문에 우리는 훨씬 조심스럽게 단어와 표현을 선택해야 합니다.

글의 경우는 글을 쓰는 동안 여러 번 생각할 수 있다는 장점이 있습니다. 물론 상대방이 눈앞에 없어서 겸손, 배려, 인내 등과 같은 태도 없이 무례하게 쓸 수 있기도 합니다. 그래서도 더 신중하게, 더 많은 고민을 담아 써야 합니다.

우리가 어떤 주장하는 글을 쓸 때, 누군가를 설득하려고 할 때, 어떤 통계를 말할 때, 우리와 같은 생각을 하는 사람들의 수를 말할 때 바르고 적절한 부사 사용은 말하거나 글을 쓰는 사람을 신중하고 정직하며 예의 바른 사람으로 만들어 주기도 하고, 편협하고 독선적이며 무례한 사람으로 만들어 주기도 합니다.

'항상 그렇다'는 표현을 쓰기 전에 우리는 '꼭 그렇지는 않다'라고 말할 부분은 없는지 생각해 봐야 합니다. '항상 그런 것은 아니다', '예외가 있다', '대부분은 그렇다', '보통은 그렇다', '일반적으로는 그렇다' 이런 표현들 중 적절한 것을 찾아야 합니다. '절대', '모든', '항상', '결코', '완전히'와 같은 단어는 가급적 지양하고 '일반적으로', '보통은', '대부분',

'물론'과 같은 단어를 사용하면 말을 훨씬 부드럽고, 덜 자극적으로 표현할 수 있습니다.

보기를 하나 들겠습니다.
'많은 경우'와 '적지 않은 경우'는 의미상 거의 비슷합니다. 하지만 차이도 있습니다. 부정적인 것을 말할 때 '많은 경우'보다 '적지 않은 경우'를 사용하면 적지 않은 경우 말이 훨씬 부드러워지고 감정이 덜 실리게 되며, 때에 따라서는 좀더 객관적인 판단을 하는 것으로 느껴집니다.

1. 많은 경우 사람들은 옳고 그름보다는 자신의 취향을 신앙의 기준으로 삼습니다.
2. 적지 않은 경우 사람들은 옳고 그름보다는 자신의 취향을 신앙의 기준으로 삼습니다.

조국교회의 문제점에 대해 누군가가 글을 쓴다고 할 때 듣는 사람이 누구냐에 따라 받아들이는 느낌이 달라질 것입니다. 지은이의 생각에 공감하는 사람은 공감하는 정도에 따라 2번 문장보다는 1번 문장을 더 선호할 것입니다. 반면 지은이의 생각에 크게 공감하지 않거나, 어떤 특정 부분에 대해 지은이와는 다르게 생각하는 사람은 1번 문장으로 말하면 왜 그렇게 나쁘게만 보느냐며, 그렇지 않은 경우도 많다고 맞설 수 있습니다. 독자 입장에서는 많다고 말하는 것이 불편한 것입니다. 많지 않다고 생각하는 것입니다. 하지만 2번 문장으로 말하면 독자의 논리와 감정의 태도를 한 발 물러서게 합니다. '적지 않다'는 말은 많은 것을 의미하기도 하지만, 그렇게 많은 것은 아닐지라도 적은 것도 아니라는 느낌을 주기 때문입니다. 그래서 '적지 않다'라는 말은 '적지는 않다'라는 느낌을 주어 쉽게 부정하지 못하게 하고 상대방으로 하여금 "일단은 알겠다" 하고 넘어가게 합니다.

  이렇듯 적절한 단어 선택은 서로 조심스럽게 문제를 다루게 하고 감정보다는 문제 자체에 집중하게 하기도 합니다.

'안', '못'

  주로 우리 입장에서는 우리를 변호할 때는 '못'을 쓰고, 다른 사람을 판단할 때는 '안'을 쓰게 되는 경우가 적지 않은 것 같습니다.

  독자 여러분께서도 잘 아시다시피 "못 했습니다"와 "안

했습니다"는 완전히 다른 말입니다. '못'은 능력을, '안'은 의지의 문제를 이야기하기 때문입니다. 그래서 우리는 우리가 안 한 게 아니라 못 한 것이라고 설득하고 변호합니다. 반면 상대방은 (예를 들어, 시간이 없어서) 못 한 게 아니라 안 한 것으로 판단하고 확정짓습니다.

아, 우리는 왜 이렇게 자기중심적일까요? 왜 이렇게 이기적일까요?

저는 제 입에서 나오는 이 모든 악한 말과 더러운 것들을 버리고 싶습니다. 하나님께서 이런 자에게도 긍휼을 베풀어 주시길 바랍니다. 하나님의 거룩하심에 합당한 거룩함이, 신앙의 아름다움에 충실한 말만이 흘러나오길 기도합니다.

우리는 자신에게는 '안'을, 다른 사람에게는 '못'을 써야겠습니다. 그리고 한 가지 기억해야 할 것은 실생활에서 사실 우리는 소수의 사람을 제외하고는 '안'과 '못'을 그렇게 구분해서 쓰지 않는다는 점입니다. 그러니 우리가 이런 말맛에 민감하다고 해서 다른 사람들도 당연히 그럴 것이라고 생각하고 상대방의 토씨 하나하나를 걸고넘어진다거나, 우리가 가진 말맛의 민감함을 강요해서는 안 되겠습니다.

내용에 대한 단호한 태도와 겸손

앞서 우리는 기본적으로 다른 사람의 말과 글을 대할 때 가급적 긍정적으로 해석하고, 너그럽게 받아들이는 것이 중요하다는 이야기를 했습니다. 그런 태도와 함께 가야 하는 중요한 또 다른 태도도 다음 이야기로 넘어가기 전에 함께 짚어보고자 합니다.

너그럽다는 것이 아무 기준도 없고, 이것도 저것도 다 된다는 식은 아닐 것입니다. 우리는 상대방에 대해 너그러운 태도를 지니면서도 내용에 대해서는 단호한 태도를 지녀야 합니다. 우리는 진리의 사람이기 때문입니다.

우리는 진리의 사람이므로 내용에 대해서는 단호해야 합니다. 진리는 토론과 타협의 대상이 아니며 어제나 오늘이나 영원토록 확정된 것이기 때문입니다. 하지만 우리는 내용에 대한 단호함을 태도에 대한 단호함으로 잘못 생각하는 경우가 많습니다. (물론 태도에 대한 단호함이 없다는 것은 아닙니다.)

우리 중 어떤 사람들은 내용이 어떤지에 대해 별 관심이 없을 때가 있습니다. 또 아무리 옳아 보여도, 증거가 많고 강력해도 일단 말하는 사람의 입장이나 말하는 태도가 우리 마음에 안 들면 말하는 내용을 부정해 버리고 맙니다. 그 내용을 낮게 보며 무가치하게 봅니다. 아, 태도 하나 때문에 진리를 버리다니요!

반대로, 그렇다면 우리는 우리가 상대방에게 말할 때 우리의 태도 때문에 그 사람이 진리와 우리를 버리는 일이 일어나도록 해서는 안 되겠습니다. 단지 우리의 태도 때문에 그 사람을 진리 앞으로 데려갈 수 없다면, 그 사람을 잃어버린다면 얼마나 참담할까요.

네(물론), 우리 중 거의 대다수는 우리가 이런 말을 하는지 잘 모를 때가 많습니다. 상대방에게 그렇게까지 받아들여지리라고는 생각하지 못합니다. 하지만 정말 이상하게도 우리가 그런 말을 들을 때는 입장이 다를 때가 많습니다.

정말 쉽지 않지만, 끊임없이 노력해야 합니다. '상대방은 어떻게 생각할까?', '기분 나쁘지 않을까?', '오해가 없을까?', '충분히 마음이 전해질까?'와 같은 마음을 늘 마음에 품고 있어야 합니다.

우리가 상대방을 사랑할수록 이런 일들이 쉽다는 것을 우리는 압니다. 사랑할수록 그런 일이 자연스럽습니다. 우리는 우리가 마음에 기뻐하는 사람에게 우리 스스로 알게 모르게, 그리고 다르게 행동합니다.

그래서 무엇보다 가장 중요한 것은 사랑입니다. 그런데 우리가 하고 싶다고 할 수 있는 게 아니기 때문에 우리는 하나님의 은혜를 구해야 합니다. 우리가 마음과 뜻과 정성과 힘을 다하여 하나님을 사랑하고 우리 이웃 또한 사랑할 수 있게 해달라고 끊임없이 하나님의 은혜를 구하며 그 은혜와 베풀어 주시는 믿음을 따라 살아가는 것이 가장 중요합니다.

우리는 내용은 분명하고 단호하게, 전하는 태도는 사랑으로 할 수 있습니다. 겸손만이 답입니다. 우리가 겸손하다면 우리는 다른 사람을 최대한 배려하고 이해할 것입니다. 기다릴 것입니다. 신중하게 듣고 말할 것입니다.

겸손한 태도로 우리가 어떻게 이야기할 수 있는지 하나의 보기를 생각해 보고자 합니다.

"신학용어 중에 신인동형론이라는 게 있거든"이란 표현은 선생이 학생에게 이야기를 시작하면서 할 수 있는 말입니다. 이런 표현을 친구 사이에서 할 때는 표현을 조금 달리하는 게 좋겠습니다. 서로 막역한 사이라거나, 상대방의 요구가 있어서 설명해 주는 경우라면 몰라도, 내가 무엇인가를 더 알고 있다는, 어떤 높은, 우월한 위치에서 가르치는 듯 말하면 곤란합니다. 실제 그런 마음으로 말하지 않는다 하더라도 받아들이는 입장에서 이런 표현은 오해나 불필요한 감정을 불러올 수 있습니다. 특히 아는 체하면서 말하는 말투는 듣는 사람들의 감정을 반발하게 합니다.

좋은 방법 중 하나는 "아시다시피(들어보셨겠지만, 들어보셨을 텐데 등….) 신학용어 중에 신인동형론이라는 게 있잖아요?"와 같은 표현입니다. 이런 표현은 상대방이 실제 잘 알고 있는 내용이기 때문에 하는 표현일 수도 있고, 또는 잘 알고 있는 것까지는 아니지만 어느 정도 알고 있다거나, 한두 번 정도 들어본 경우에, 상대방이 전혀 모르는 것은 아니라는 경우 등을 전제합니다. 또는 상대방도 잘 알고 있지만 '지금 제가 어떤 목적을 위해 이야기를 좀 하겠습니다' 하는 말맛을 담고 있습니다. 상대방이 실제 이 내용을 알든 모르든 상대방은 지금 자신이 존중받는다는 생각이 듭니다. 그러면 더 귀 기울이게 되는 것입니다.

이처럼 겸손은 다른 사람을 존중하고 배려합니다. 겸손하고 타인을 배려하는 마음을 지닌 사람은 하나의 단어와 표현에도 최대한의 존중과 배려와 사랑을 담으려고 글을 고치고 다듬고 고민하며 씁니다. 그래서 좋은 사람의 글은 사람의 마음을 따뜻하게 하고, 읽는 사람의 부족한 부분과 죄를 지적받아도 읽는 사람이 모욕받지 않으며, 그 내용에 마음을 쏟게 만듭니다.

네, 우리는 항상 겸손할 수 없습니다. 겸손과 배려하는 우리의 마음도 유한합니다. 또 우리의 의도에 상대방의 마음이 늘 부응하는 것도 아니며, 우리의 의도와 달리 오해가 생기거나 일이 잘 진행되지 않는 경우도 있습니다. 그럼에도 우리는 노력해야 합니다. 그것이 신앙이기 때문입니다. 하나님께서 바라시기 때문입니다. 하나님께서 우리에게 그렇게 하시기 때문입니다. 예수님께서는 죄에 대해서는 단호하셨지만, 죄인을 늘 가까이 부르시고 용납하셨으며, 그들을 오래 참으시며 가르치셨습니다.

물론 때에 따라서 우리는 특정 사람에게 진리를 전하는 일을 잠시 쉴 수 있습니다. 우리 자신이 만족하는 것은 차치하고 모든 사람을 만족시킬 수 없는 것은 우리 모두가 인간이기 때문입니다. 우리는 이것을 늘 기억해서 지나치게 에너지를 소비한다거나 지나치게 상대방을 얽어매지 말아야 합니다.

하지만 우리는 다른 사람들을 이미 판단하고, 어떤 사람들을 이미 어떻게 분류해서 포기해 버리는 마음을 가져서는 안 됩니다. 우리의 말과 글은 모든 사람을 만족시킬 수 없지만 우리의 마음의 태도와 목표는 모든 사람을 만족시키는 것으로 해야 합니다. 매번 노력해야 합니다. 우리의 이야기는 언제나 진리와 일치해야 하며, 사람의 영혼을 섬겨야 합니다. 단호하되 배려하고, 따뜻하되 분명해야 합니다.

단호한 것과 무례한 것은 다릅니다. 단호한 것과 겸손, 단호한 것과 배려, 단호한 것과 예의 바름, 단호한 것과 영혼 사랑은 함께 갈 수 있고, 가야만 합니다.

무릇 더러운 말은 너희 입 밖에도 내지 말고 오직 덕을 세우는 데 소용되는 대로 선한 말을 하여 듣는 자들에게 은혜를 끼치게 하라(엡 4:29).

2
의견 대립이 있거나
어떤 문제가 제기되었을 때

성경만이 기준인 그리스도인

학교에서 조회가 시작되기 전에 학생들은 반별로 줄을 섭니다. 이때 맨 앞 줄에 있는 어떤 학생이 기준이 되고 이 학생을 기준으로 옆줄과 뒷줄이 맞춰지게 됩니다. 기준 학생과 줄이 맞지 않으면 기준 학생에 맞춰야지 기준 학생이 다른 사람들에 맞추지 않습니다. 기준 학생이 다른 사람에게 맞추려고 한다면 결코 맞출 수 없을 것입니다.

그런데 오늘날 많은 교회에서 기준에 맞추는 것이 아니라 기준을 자꾸 다른 것에 맞추려고 하는 이상한 일이 벌어지고 있습니다. 그래서 사실은 아무것도 맞춰지지 않고 오히려 혼란만 가중되고 있습니다. 정말 이상하고 놀라운 일입니다.

교회는 성경 외에 다른 기준을 갖고 있지 않습니다. 확률이나 통계를 의지하지 않습니다. 현실을 기준으로 삼지도 않습니다. 고대 그리스 철학자들이 생각했던, 다수결에서 51퍼센트의 찬성표 개념이나 철인통치(한 명의 위대한 인물을 의지하는)도 교회의 기준이 아닙니다. 하나님을 아는 지식에서 먼 51퍼센트와 인격적 결함이 많은 철인들이 교회와 세상을 파괴하는 것을 우리는 역사를 통해 알고 있습니다.

그리스도인에게 유일한 기준은 성경입니다. 하나님이 주셨기 때문입니다. 하나님께서 성경만을 주셨기 때문입니다. 성경이 스스로 증거하는 대로 성경에는 우리가 구원받는 데 필요한 모든 것과, 하나님의 뜻대로 살 수 있는 모든 법이 다 들어 있을 뿐만 아니라 그것들이 성경에만 들어 있기 때문입니다.

하지만 우리는 "주위를 봐봐", "요새 누가 그래?"와 같은 말을 자주 사용합니다. 우리는 성경이야말로 가장 현실적이라는 말을 믿지 않습니다. "성경에서 이렇게 말하잖아요"라는 말에 "에이 성경은 그렇게 말하지, 그러나 실제 현실이 그러냐?" 하고 말합니다. 이런 말을 쓰든 쓰지 않든 성경을 대하는 우리 태도는 같습니다.

아, 하나님의 능력과 지혜는 어디에 있습니까? 하나님께서 인간을 모르시나요? 인간을 지으신 분이 하나님이 아니신가요? 하나님께서 베푸신 은혜와 믿음이 우리에게 '이런 일'(우리를 구원하는 일)은 하고 '저런 일'(말씀대로 살아가는 일)은 못하나요?

성경은 실제 있었던 일과 일어나고 있는 일과 일어날 일이 쓰인 책입니다. 모든 것을 만드시고, 다스리시는 분이 쓰신 책입니다. 오늘 하루도 우리의 생명과 우리에게 필요한 모든 것을 채우시고, 우리를 한 걸음 한 걸음 인도하시는 하나님께서 우리의 생명과 인도와 경건한 삶을 위해 주신 지침서요 생명의 책입니다.

그런데 그리스도인이 "에이 그건 성경에나 있는 거고~"라고 말하다니요! 우리는 왜 성경과 실제의 삶은 많은 부분에서 무관하거나 거리가 있다고 생각할까요?

아닙니다! 우리는 정신 차려야 합니다. 우리가 실제로 성경을 믿지 않는다면, 하나님을 믿지 않는 것입니다. 그렇다면 하나님께 믿음을 달라고, 하나님을 믿게 해달라고 기도합시다. 우리 믿음이 연약하다면, 우리의 믿음 없음을 불쌍히 여겨 달라고, 굳건한 믿음을 달라고 기도합시다.

사실 우리가 "주위를 봐봐", "요새 누가 그래?"와 같은 말을 하는 이유는 우리가 그렇게 살고 싶지 않기 때문일지도 모르겠습니다. 모델의 부재를 안타까워하거나 탓하고 있지만 사실 우리는 그렇게 살고 싶지 않은 것입니다.

"주위를 봐봐", "요새 누가 그래?"와 같은 말에 우리가 대답할 수 없다면, 그런 말을 우리가 사용할 수 없다면, 정말 주위에서 찾아볼 수 없다면 우리가 그런 사람이 되면 됩니다. 그런 소망을 품고 하나님께 은혜를 구하며 살아야 합니다. 성경이 말하는 신앙을 고백하는 사람 말입니다.

이때 교회 역사를 다루는 책들은 우리에게 큰 위로와 도전을 줍니다. 교회사에는 "누가 그렇게 살아"의 '누가'들이, "그런 교회가 어디 있어"의 '교회'들이 시대마다, 지역마다 등장합니다. 성경을 참으로 사랑한 이야기들, 성경이 말하는 것에 실제 목숨을 걸고, 성경을 전부로 여기고 살았던 믿음의 사람들의 이야기가 세대에서 세대로 이어집니다. 그리고 다음 세대도 그런 이야기가 필요합니다.

어떤 사람들은 왜 이렇게 옳고 그름을 따지냐고 말합니다. 사랑이 부족하다고 말합니다. 만약 옳고 그름을 따지는 것에서만 끝난다면 그것은 문제가 있습니다. 하지만 옳고 그름을 따지는 것 자체는 아주 중요합니다. 기준이 있기 때문입니다. 우리가 교회이기에 그렇습니다. 우리가 진리의 사람이기에 그렇습니다. 우리 하나님께서는 진리의 하나님이십니다.

또 어떤 사람들은 대화와 토론에서 진리의 문제를 취향의 문제로 만듭니다. "나는 괜찮은데", "나는 좋은데 뭐가 문제지?", "왜 나쁘다는 거야? 나는 이런 일도 있었는데~."

다시 한 번 정리하며 다음 이야기로 나아가겠습니다. 우리가 무엇인가를 이야기할 때 기준은 확률과 통계가 아닙니다. 이 세상의 가치와 문화가 아닙니다. 나의 유익과 만족이 아닙니다. 오직 성경입니다. 성경만이 살아 계신 하나님의 말씀이며, 참된 진리입니다. 성경이 말하고 증거하는 것만이 참됩니다. 성경에 충실한 유익만이 진짜 행복이며 유익입니다. 하나님께서 우리 손에 주신 이 성경은 가장 현실적이고, 가장 실제적입니다.

극장의 우상

철학자 베이컨Francis Bacon이 말한 네 가지 우상설 중 '극장의 우상'이란 말이 있습니다. '자기의 생각이나 판단에 의하지 않고 어떤 권위나 전통에 기대어 생각하고 판단할 때 범하는 편견'을 이르는 말인데 보기를 들면 이렇습니다.

신뢰감을 주는 배우나 평론가가 광고하는 자동차
국가대표 선수가 광고하는 우유

유치하게 생각할지 모르지만 실제 우리 중 많은 사람이 정도의 차이가 있을 뿐 그 배우가 광고했기 때문에 그 자동차가 더 안전하다고 생각하며, 그 국가대표 선수가 광고하기 때문에 그 우유가 더 맛도 좋고 영양가도 높을 거라고 생각합니다. 물론 단순히 그 배우나 선수가 좋아서 구입하기도 합니다.

광고야 과장이나 거짓이 아닌 한 문제가 없지만, 교회에서도 맹목적인 권위의 문제가 생겨 교회를 건강하지 못하게 할 때가 있습니다.

나이 많은 사람과 적은 사람 중 누가 지혜로울까요? 책을 열 번 읽은 사람과 한 번 읽은 사람 중 누가 그 책을 더 잘 이해하고 있을까요? 담임 목사님과 청년 중 누가 교회 현실을 더 정확히 볼까요?

보통은 나이 많은 사람이, 책을 열 번 읽은 사람이, 담임 목사님이 더 그러할 것입니다. 하지만 항상은 아닐 것입니다. 여기에 문제가 있습니다.

우리는 성경을 기준으로 삼은 그리스도인입니다. 성경에 충실하다면 그 사람이 나이 어린 사람이어도 그 사람의 발언이 존중받아야 합니다. 어떤 사안에 대해서는 목회자 후보생이나 한 청년이 담임 목사보다 교회 문제의 본질을 더 정확히 볼 수도 있습니다. 책을 열 번 읽었다고 해서 모든 부분에 대해 한 번 읽은 사람보다 반드시 정확하다고 말할 수는 없습니다. 물론 이런 경우는 흔하지 않겠지만요.

그러나 현실에서는 이런 일들이 종종 일어나며, 이럴 때 당사자는 물론이고 우리가 제삼자의 입장에 있을 때 우리는 이런 극장의 우상에 빠질 때가 많습니다.

"담임 목사님이시니까", "장로님들이 모여서 결정하신 거니까", "어른이 말씀하신 거니까", "우리 목사님 말씀이니까", "리더가 말한 거니까", "간사님이 말씀하신 거니까 그냥 따르자"와 같은 말들이 때로는 우리에게 상처가 됨을 우리는 경험합니다. 그리고 이런 경험이 많아지게 되면 우리는 우리에게 말한 사람에 대한 신뢰만이 아니라 때로 심지어 그 대상(앞에서 말한 어른들)에 대한 신뢰까지 잃어버리는 경험도 하게 됩니다.

하나님께서 세우신 질서는 중요하며, 그 질서를 따라 우리는 교회를 섬기시는 분들을 높이고 따라야 합니다. 하지만 하나님께서 세운 질서 안에서 섬기시는 분들이 하나님은 아니라는 사실 또한 기억해야 합니다.

우리는 교회를 섬기시는 분들이 성경에 충실한 한 그분들을 힘써 따르고 존중해야 합니다.

한편으로 우리는 교회에서 어떤 정당한 문제가 제기되었을 때 무조건적으로 한쪽만을 지지하여, 교회를 염려하고 교회를 더욱 건강하게 하려는 사람들에게 큰 절망과 상처를 주지 말아야겠습니다.

특히 한국에서 나이는 무척 민감하고 자주 중요한 기준이 되는데, 젊은 사람들이 매우 듣기 싫어하는 것이 '나이도 어린 것이'입니다. 그런데 나이로 옳고 그름이나 결정권

자의 위치를 따지면 그렇게 따지는 사람들의 생각과는 달리 (따지며 계속 올라가다 보면) 결국 하나님에게까지 갑니다. 결국 하나님의 말씀을 들어야 하고, 하나님의 말씀은 성경이니 결국 성경대로 하는 게 맞는 것이지요.

일반 성도들이 상처받는 말도 있습니다. '목사도 아니면서'라는 말입니다. 그런 말을 목사에게서 듣는 것도, 다른 성도에게서 듣는 것도 모두 슬픈 일입니다. 이런 말을 우리가 사용한다는 것은 더욱 슬픈 일이고요.

그런데 그렇게 말하는 우리는 '더 나이 많은 목사'의 말을 무조건 들을까요?

나이나 위치, 권위로 따지면 루터와 칼빈은 교황청 입장에서 정말 버릇없는 '녀석'들이고, 베드로 입장에서 바울은 '나이도 어린 신참목사'에 불과합니다.

그런데 갈라디아서 2장에 보면 정말 상상하기 어려운 이야기가 나옵니다.

"야고보에게서 온 어떤 이들이 이르기 전에 게바(베드로)가 이방인과 함께 먹다가 그들이 오매 그가 할례자들을 두려워하여 떠나 물러"갔고 그래서 "남은 유대인들도 그와 같이 외식하므로 바나바도 그들의 외식에 유혹되었"습니다.

그래서 바울은 "그들이 복음의 진리를 따라 바르게 행하지 아니함을 보고 모든 자 앞에서 게바"를 책망합니다. "네가 (당신이) 유대인으로서 이방인을 따르고 유대인답게 살지 아니하면서 어찌하여 억지로 이방인을 유대인답게 살게 하려느냐"면서 말입니다. 여기서 저는 두 가지 사실에 놀랐습니다. 하나는 소위 신참인 바울이 교회의 기둥같이 여김 받는 베드로를 책망했다는 것이고, 다른 하나는 바울이 많은 사람 앞에서 그리했다는 것입니다. 바울 입장에서 베드로의 처신은 많은 사람을 걸리게 하는 심각한 문제였습니다. 그 사안이 중대했기 때문에, 또 이미 많은 사람이 걸려 넘어졌기 때문에 즉시 바로잡을 필요가 있었던 것 같습니다. 이 이야기는 다른 무엇보다 하나님의 진리가 기준이 되고, 교회가 진리 위에 바로 세워지는 데 다른 어떤 것도 장애물이 될 수 없다는 사실을 보여 줍니다.

베드로는 복음서에서 비겁한 도망자로 소개된 적이 있고, 여기서는 '신참'에게 혼쭐난 '교회 어른'으로 소개되었습니다. 하지만 우리는 그런 일들이 있었다고 해서 초대교회 성도 누구도 베드로의 위치와 영적 권위를 흔들거나 무시했다고 생각하지 않습니다. 오히려 우리는 이런 본문을 통해 오직 우리가 의지할 분은 하나님이시며, 언제나 진리가 바로 서야 한다는 것들을 보게 됩니다. 그리고 그런 우리 마음에 베드로를 단지 불쌍히 여기거나 가볍게 여기는 마음이 있는 것이 아니라 우리 또한 베드로와 같은 사람, 아니 우리는 오히려 베드로보다 못한 사람이라는 마음을 갖게 되며, 그래서 더욱 하나님의 은혜를 구하게 됩니다.

베드로는 어디를 가든 그리스도의 고난과 죽으심과 부활 등을 이야기할 때 자신의 비겁한 도망에 대해 이야기 했을 것입니다. 베드로에게는 자신의 명예와 위치가 아니라 오직 예수 그리스도께서 높임을 받으시는 것만이 중요했습니다. 그리고 그는 그것을 위해 무엇이든 할 수 있었고, 무엇이든 했습니다. 그것이 나이 어린 신참목사에게 받는 큰 책망일지라도 베드로는 그것이 교회와 복음을 위한 것이라면 달게 받았을 뿐만 아니라 감사히 받았고, 기꺼이 그래야 한다고 생각했습니다.

저는 제게 베드로와 같은 그런 믿음이 있었으면 정말 좋겠습니다.

많은 사람이 여러 이유로 맹목적으로 어떤 권위를 지지한다거나(실제로는 권위가 아닌 권위주의겠지만요), 자신의, 또 교회 지도자의 잘못과 실수는 가리면서 일반 사람들을 책망하고 가르칩니다. 우리가 그렇기도 하고, 우리가 그런 일에 피해를 보기도 합니다.

루터와 칼빈은 처음 교회개혁의 기치를 높이 들었을 당시 비록 나이는 어렸지만, 그들이 진리 위에 서 있었기 때문에 하나님께서는 그들을 높여 주셨습니다. 제가 아는 신앙의 위대한 선배들, 특히 개혁자들과 청교도들은 하나님만을 두려워하며, 자신의 잘못과 실수를 기꺼이 인정하며, 자신들이 목양하는 성도들에게 가르치는 내용에 자신들이 충실하지 못할 것을 가장 두려워했습니다. 열심히, 겸손히, 누구보다 성경을 연구하면서 늘 가장 성경적인 것에 자신의 생각과 교회 정치를 맞춰 나갔습니다.

제가 여기서 말씀드리는 중심 내용은 교회 어른들을 비판하자가 아닙니다. 저는 하나님의 질서를 존중하며, 하나님께서 허락하신 믿음의 선배들과 특히 교회를 섬기는 어른(목사, 장로, 집사)들을 마음 다해 기뻐합니다. 다만 하나님만이 우리의 최종 권위자가 되셔야 하고, 모든 사람이 그것을 기뻐해야 하며, 그럴 때 교회가 건강할 수 있다는 점을 여러분과 함께 확인하고자 한 것입니다.

제가 가깝게 교제하는 몇몇 목사님들도 그렇습니다. 그분들은 자신들이 가장 지혜롭다거나 항상 완벽하지 않다는 것을 겸손하게 받아들이십니다. 그래서 늘 마음을 열고 귀를 기울이십니다. 제기된 문제가 성경의 가르침에 어떠한지 깊이 공부하며 성도들과 함께 나누고, 성도들 앞에 고개 숙이기도, 손을 내밀어 함께 가자 하기도 하십니다. 그분들은 교회 성도들뿐만 아니라 그분과 교제하고 그분을 아는 많은 사람에게 존경과 사랑을 받습니다.

하나님께서는 진리를 사랑하는 사람의 손을 잡아 주시고, 세워 주십니다.

내가 틀렸다고 인정하기

우리는 우리와 생각이 다른 사람과 대화할 때 상대방 말 중 어떤 내용들이 타당해도 그것을 인정하지 않을 때가 있습니다. 그 말이 참 어렵습니다. 합당한 면을 인정하면 우리가 진다고 생각하기 때문입니다. 우리가 지고 들어간다고 생각하기 때문입니다. 그가 더 낫다는 것을 내가 인정한다고 생각하기 때문입니다. 그러나 서로가 그렇게 생각한다면 서로 감정만 상할 뿐입니다. "내가 말한 것 중에 맞는 게, 인정할 만한 게 하나도 없단 말이야?"가 되는 것이죠. 많은 경우 우리가 기분이 나쁜 것은 우리의 의견이 부분적으로라도 인정받지 않기 때문이기도 하고, 내가 틀렸다는 사실을 인정하는 것이 항복을 하는 것 같은 느낌 때문이기도 합니다.

인정할 것을 인정하는 것은 지는 게 아닙니다. 동료 그리스도인과의 대화와 토론은 이기고 지고의 문제가 아닙니다. 우리는 상대방을 이겨서 항복시키기 위해 대화하거나 토론하는 것이 아닙니다.

진다는 생각, 항복한다는 느낌과는 달리 인정하는 태도는 실제로 두 사람을 더 가깝게 만들어 줍니다. 서로 어떤 주장과 근거에 대해 함께 인정할 것을 인정하면 분위기도 훨씬 부드러워지고, 최소한의 적절한 합의점도 찾을 수 있습니다. 그런 태도는 이야기가 계속되게, 그리고 발전되게 해줍니다.

우리 생각 중 어떤 부분이 틀렸다는 사실을, 우리가 충분히 알지 못하는 내용에 대해 알지 못한다는 사실을 순순히 인정하는 것이 그렇게 부끄러운 일일까요? 틀렸는데도 여전히 인정하지 않고, 씩씩대며 두고보자는 마음을 갖는 것과, 감정적으로 분한 마음을 갖는 것이 부끄럽지 않을까요?

우리 의견이 모두 부정할 만하거나 나쁜 것이 아니듯, 상대 의견이 모두 나쁘거나, 부정인 경우도 없습니다. 서로 인정할 것은 인정하면서 이야기가 진행되어야 합니다.

우리의 토론 자리에 예수님께서 앉아 계시다고 생각해봅시다. 최종 판단자인, 유일한 법관인 예수님께서 계십니다. 우리의 태도와 마음이 달라지지 않을까요?

내 자존심이 무너지는 일에는(일은) 피가 거꾸로 솟아오르지만, 하나님의 진리가 무너지는 것에는(것은) 그렇게 열심도 없고, 의미 있는 행동도 취하지 않는다면 우리는 그리스도인이 아닙니다.

바른 자세로 대하기

어떤 주제로 대화를 하든 문제해결을 위해 토론을 하든 역사는 좋은 논증자료가 됩니다. 여러 면에서 그렇지만 특히 우리 생각에 "이런 것은 이런 결과를 낼 것이다"라고 생각하는 내용들이 실제로 어떤 결과를 가져오는지를 역사가 보여 주기 때문에 더욱 그렇습니다. 하지만 역사가 항상 적절하게 인용되는 것은 아니며, 또 반대 사례도 있기 때문에 항상 그 내용이 적절한 보기인지, 또 지금 상황과 어울리는지를 판단해야 합니다.

통계와 같은 사회학적 자료들은 분명 좋은 수단이긴 하지만, 진리의 문제에서 때로 통계는 핑계와 변명과 잘못된 근거가 될 때가 많습니다. 적절한 통계는 큰 도움이 되지만 어떤 경우든 통계와 확률보다 상위에 있는 것은 말씀입니다. 통계나 사회학적 결과물이 아무리 어떤 실용적인 결과를 가져와도 그것이 말씀에 위배되면 안 됩니다. 즉시 폐기해야 합니다.

우리는 우리가 상대방을 꼼짝 못하게 설득했을 때 상대방이 바로 반응(우리가 원하는 반응)을 보이지 않으면 그 사람을, 그 사람의 태도를 나쁘게 생각합니다.

하지만, 우리가 다른 사람의 주장에 설득당했을 때는 어떠합니까? 우리로서는 이제 반박할 말도 없고, 더군다나 감정적으로는 싫을 때 말입니다.

우리는 다른 사람이 바뀌기를 바라지만 정작 바뀌지 않는 것은 우리 자신입니다. 우리가 판단하는 말로 가장 먼저 판단받고 흠이 없어야 하며 즉각 반응해야 하는 것은 바로 우리 자신입니다.

누군가가 어떤 문제로 무척 흥분해 있습니다. 화가 많이 나 있습니다. 그러면서 이야기를 하는데 하고자 하는 얘기가 무엇인지는 알겠지만 논리가 조금 맞지 않고, 너무 감정적으로만 말합니다. 그가 겸손하고 부드러운 태도로 말하지 않았다고 해서, 그가 너무 흥분하면서 감정적으로만 말했다고 해서 그가 말한 것들이 의미가 없을까요? 그의 이야기를 수준 낮은 것으로 여겨야 할까요?

우리가 할 일은 그가 지금 얼마나 분노하고 슬픈지를 헤아리는 것입니다. 얼마나 속상하고 억울하면, 얼마나 화가 나면 그렇게 말할까요?

하나님의 진리가 바로 서지 않음에, 교회의 건강하지 않음 때문에 울부짖는데 교회가 그러한 비명 소리에 귀를 막아서는 안 되겠습니다. 어떤 것보다 가장 우선적으로 그 일을 자세히 살펴서 교회도, 울부짖는 영혼도 살려야겠습니다.

'좋은 게 좋은 거지' 하면서 덮는 게 아니라 바로 이런 것이 교회 사랑 아닐까요?

사람은 자신이 지지하는 문제에 대해 이야기가 진행될

때 주체적으로 대화에 참여하든 제삼자의 입장에서든 적극 참여하거나 아주 관심 있게 지켜봅니다. 그 관심의 정도에 따라 좋은 의미에서든 그렇지 않은 의미에서든 쉽게 흥분하기도 합니다.

그런 대화가 자신이 지지하는 입장이 우세한 방향으로 진행될 때는 여유로워지기도 합니다. 때에 따라서는 반대쪽에 대해 격렬해지기도 합니다.

그리고 그런 대화에서 자신과 입장이 같은 사람이 다수일 때는 대화의 과정과 토론의 정당함을 떠나 자신이 지지하는 입장만을 인정하는 경우도 자주 있습니다.

큰 관심이 없는 문제에 대해 이야기하게 되는 경우에 우리는 현상유지(하던 것을 계속 하거나, 하지 않던 것을 계속 하지 않으려 하거나)를 하려고 하거나, 해도 되고 안 해도 되고의 태도를 지니게 되며, 적절한 타협점을 찾으려 합니다. 흥분하지 않고, 상대방을 다른 때보다 잘 존중합니다. 그리고 그런 사실들에 스스로 만족하기도 합니다.

저는 그리스도인은 분명 더 나은 태도를 지녀야 하며, 이런 내용들을 한 번쯤 생각해 보기만 해도 대화할 때 우리의 자세가 분명 (조금이라도) 달라질 것이라고 생각합니다.

우리는 다른 사람들의 말에 종종 이렇게 말하기도 합니다. "단정적으로 말하는 것이 (정말) 싫어." 그런데 이 말도 단정적입니다.

우리는 단정적으로 말할 것은 단정적으로 말하고, 그렇지 않은 것은 그렇지 않게 말하는 것을 받아들여야 합니다.

"잘잘못을 말하기보다는 이해하고 사랑하자"(저는 이 말을 모든 경우에 부정하거나 비난하고 싶은 마음은 없습니다. 오히려 필요할 때도 많다는 것을 압니다)는 말도 마찬가지입니다. 이 말도 잘잘못에 대해 말하고 있습니다.

판단하지 말라고 말하는 것 자체도 판단입니다.

이런 내용들을 통해 우리가 알 수 있는 것은 우리가 참으로 연약하고, 이기적이라는 사실입니다.

우리는 자주 판단하고 지적하면서 정작 우리 자신은 판단받고 싶어 하지 않습니다. 이 마음 자체도 아름답지 않을 뿐만 아니라 이런 태도는 우리가 서로 교제하기 어렵게 만듭니다. 우리는 우리 자신에게는 엄격하고, 다른 사람에게는 인자해야겠습니다.

우리는 앞서 우리의 태도 때문에 우리가 말하는 진리가 낮게 평가되거나 부인될 수 있으며, 우리가 사람을 잃어버릴 수도 있음을 살펴보았습니다. 반대의 경우에서 함께 나누고 싶은 이야기가 있습니다.

무례한 사람이 파는 금을 금이 아니라고 할 수 없습니다. 누군가가 씻지 않은 손으로 들고 있는 그릇에 담긴 음식이 먹지 못할 것이라고 할 수 없습니다.

우리는 말하는 입장에서는 우리가 가진 금은보화가 우리의 말과 행동 때문에 하찮은 것으로 취급받지 않도록 주의해야 합니다. 최대한 정중하게, 최대한 깨끗하게, 마음을 다해서 말입니다.

그러나 우리가 듣는 입장에서는 말하는 사람이 누구냐, 어떤 태도로 말하느냐를 생각하지 말고 그 내용의 진실함이 어떠한지에 대해서만 생각하도록 노력해야 합니다.

무엇인가 문제가 있고 그래서 어떤 행동을 취하자는 이야기가 나올 때 침묵은 때로 반대보다 더욱 큰 상처를 만들기도 합니다. "가만히 있자"라는 말에, 또 침묵이라는 어떤 분위기에 따라 우리가 아무 말도, 아무 행동도 취하지 않는다면 우리는 우리 자신과 우리 가족이 어려움을 당할 때 도움을 요청할 어떠한 이유도 갖지 못할 것입니다. 아무도 우리의 고통을 듣지 않고, 아무도 우리의 문제를 고민하지 않고,

아무도 우리를 돕지 않는다는 것. 다른 사람의 고통을 듣지 않고, 다른 사람의 문제를 고민하지 않고, 다른 사람을 돕지 않는 침묵은 더욱 비겁하고 더욱 잔인할 수 있습니다.

몸의 어떤 부분이 상처를 입을 때 몸 전체가 그것을 아는 것처럼, 그리고 그 상처부위를 보호하고, 그 상처부위가 보호되며 회복되도록 몸의 각 부분이 움직이는 것처럼, 우리는 필요한 경우 의미 있는 목소리를 내어서 교회와 동료 그리스도인들을 섬길 수 있습니다.

한편 침묵은 다른 의미도 될 수 있습니다. 성경의 원리에서 벗어나거나 성경과 거리가 멀거나 또는 성경과 상관없는 것들이 우리를 강제하고 교회 안에서 확산되고 의무가 될 때, 우리는 반대한다고 말할 수도 있고 침묵으로써도 의사표시를 할 수 있습니다. 침묵은 그 자체로 하나의 대안이기도 하고 발언이기도 합니다. 나쁘지는 않지만 성경적이지도 않은 어떤 프로그램이나 순서 등이 교회에서 성경적인 검증을 거치지 않은 채, 몇몇 사람들의 취향과, 어떤 관습 등에 의해 사람들에게 강제될 때 사람들은 함께 목소리를 내거나 참여하지 않음으로 반대 의견을 낼 수도 있고, 그 수가 소수일 때는 침묵으로써 자신들의 입장을 답할 수 있습니다. 이런 침묵은 목소리를 높이 내는 것만큼이나 교회와 동료 그리스도인을 섬기는 일이 될 수 있습니다.

그리스도인은 끊임없이 판단하도록 요구받습니다. 교회 내에서, 교회 밖에서 그리고 개인의 모든 삶에서 그러합니다. 우리의 기준으로 성경이 있지만 우리가 성경을 잘못 이해하고 있는 경우도 있고, 잘 모르는 경우도 많아서, 때론 우리의 무관심과 사랑 없음 때문에도 우리는 무엇인가를 판단해야 할 때 실수할 때가 종종 있고, 부족한 판단을 하기도 합니다. 그리고 때론 이런 현실 때문에 무엇인가를 판단해야 한다는 사실 자체가 우리에게 고통스러운 강요가 되기도 합니다. 이런 강요는 심지어 우리가 성경을 아는 일과 교회와 동료 그리스도인들에게 관심을 갖는 일에 게으르지 않아도 생깁니다.

어떤 문제들을 충분히 연구하고 살피지 않은 채 결정하고 정리하려 할 때, 또 충분히 연구하고 살폈지만 여전히 무엇인가를 결정하고 어떻게 정리하는 것이 어려울 때 우리의 부담은 커집니다.

저는 우리가 유한하다는 사실을 다시 한 번 기억하는 게 중요하다고 생각합니다. 우리는 모든 것을 알 수 없기에 모든 것을 규정하고 결정할 수 없습니다. 우리는 어떤 것들에 대해서는 분명히 알 수 있고 또 명확하고 구체적으로 규정하며 정리할 수 있지만, 현재로서는 아주 포괄적으로 이야기할 수밖에 없고 여러 여지를 둘 수밖에 없으며 이런 것들은 저 하늘나라에서 최종 결정되고 정리될 것을 알아야 합니다.

이런 인식은 우리와 교회 앞에 놓인 여러 문제들을 하나님이 기뻐하시는 뜻에 충실하면서도 사람을 잃어버리지 않고 구원하면서도, 신앙의 미덕을 아름답고 덕스럽게 증거하면서 다루어 나가게 할 것입니다.

사랑으로 기다리기

우리는 우리를 기다려 주고, 우리를 이해해 주며, 오래 참아 준 사람들을 기억합니다. 우리가 교회에서 방황하거나, 심지어는 교회에서 멀리 떠나 있을 때도 하나님의 사랑의 심장을 가진 사람들은 우리를 기다려 주었고, 우리가 다시 교회에 발을 내디뎠을 때 누구보다 환영해 주었습니다.

우리는 우리에게 온유함으로 진리를 가르쳐 준 사람들

을 기억합니다. 우리가 아무것도 몰랐을 때나, 조금 알았을 때, 우리가 저지르는 많은 실수와 잘못에도 기도와 사랑으로 그리고 무엇보다 바른 지식으로 우리 영혼을 보듬어 준 사람들이 있습니다.

하나님께서 그런 사람들을 우리에게 보내 주신 것은 그들의 그런 사랑과 섬김과 헌신을 통해 일차적으로는 하나님의 사랑과 인도를 깨닫게 하심이며, 다음으로는 그 하나님의 사랑과 인도를 경험한 우리가 이제는 우리의 섬김과 도움이 필요한 사람들을 감사함으로 섬기게 하시기 위함입니다.

우리는 우리에게 온유함으로 진리를 가르쳐 준 사람들의 모습을 가슴에 담고 이제 누군가를 향해 손을 내밉니다. 언제든 돌아왔을 때 만날 수 있는 그 자리에 이제 우리가 서 있습니다. 우리는 저들이 부족하다고 화내지 않으며, 포기하지 않습니다.

우리가 참으로 부드럽고, 겸손하며, 그러나 확신에 차서 진리를 전할 때 동료 그리스도인은 그것을 마음으로 받아들이고 진지하게 생각하며, 겸손히 배웁니다. 우리가 삶의 현장에서 치열하게 진리를 붙잡을 때 동료 그리스도인은 진리의 존귀함과 신앙의 영광의 무게를 봅니다.

성경적인 것을 찾는 것 자체가
최종 목적이 되지 않게 하기

우리는 지금 성경만이 기준이 되어야 하고, 그와 관련된 여러 이야기를 나누고 있습니다. 여기서 우리가 한 가지 잊지 말아야 할 점은 우리가 옳은 것, 성경적인 것을 찾는 것이 맞지만 그것 자체가 최종 목적이 되어서는 안 된다는 것입니다.

언제나 모든 것의 최종 목적은 하나님의 영광에 있어야 합니다. 우리가 기준을 성경으로 삼고 옳은 것, 성경적인 것을 찾아가는 것은 하나님의 영광을 추구하기 때문에 그렇습니다.

하지만 우리는 때로 우리가 성경적인 것을 찾고 있다는 것 자체를 사랑해서 그 일을 하기도 합니다. 정말 그것을 사랑해서가 아니라, 사랑해서라기보다 자신이 사랑하고 있다는 사실 자체를 사랑하는 경우가 있습니다. 그게 진리이며 생명이고, 하나님의 영광이어서라기보다는 우리가 사랑하는 것이기 때문에, 우리가 사랑한다는 사실 자체 때문에 말입니다. 그런 사실 자체를 변호하고, 인정받고 싶어 하는 것입니다.

우리는 우리가 옳다는 것을 위해 살 수 있습니다. 우리가 분을 내는 이유가 단순히 내가 옳은 것을 알고 말하기 때문일 수 있습니다. 하나님의 영광에서 멀기 때문에 분노하는 것이 아니라, 하나님께서 높임을 받지 못하시고, 예배 받지 못하시기 때문에 슬퍼하는 것이 아니라, 내가 이렇게 중요한 것을 말하는데, 내가 이것이 중요하다고, 이렇게 해야 한다고 그렇게 말해 왔는데 왜 말을 안 듣느냐는 마음이 사실은 우리 마음을 더 많이 차지할 수 있는 것입니다. 하나님도 관련되어 있지만 하나님께서 중심이 아닌, 하나님께서 주인공이 아닌, 하나님께서 영광의 자리에 계시지 않을 수가 있는 것입니다.

하나님과 교회를 위한 일이라는 생각을 하는 순간에도 우리는 항상 우리 마음의 동기와 목적이 어디에 있는지 확인해야 합니다. 먹든지 마시든지 무엇을 하든지 다 하나님의 영광을 위하여 해야 합니다.

원칙(기준)과 예외(융통성)

예외 없는 원칙(기준)은 없다는 말이 있습니다. 이 말은 상황에 따라 아주 다르게 사용됩니다. 일단 이 말 자체에서 우리가 알 수 있는 사실은 예외는 원칙을 전제로 한다는 것입니다. 원칙이 없이는 예외도 없습니다. 그리고 원칙에는 예외라는 게 있다는 것이죠. 사람들은 흔히 예외를 융통성으로도 표현합니다.

자 그럼, 원칙과 예외, 무엇이 더 중요할까요?

저는 '예외가 있다', '예외가 있어야 한다'는 말도 원칙이라고 생각합니다. 그리고 제가 생각하는 예외는 원칙 자체를 부정하는 것이 아닙니다. 저는 모든 일에 원칙이 온전히 지켜지고 인식될 때, 예외도 존재한다고 생각합니다. 원칙이 없는데 어떻게 예외가 존재할 수 있을까요? 우리가 기준을 말하지도 지키지도 않는데, 어떻게 융통성을 이야기할 수 있을까요? 그래서 저는 원칙에 무게중심이 실려 있으면서 예외도 함께 손잡고 있는 모습을 생각합니다.

교회에서도 우리가 원칙과 예외를 이야기할 때가 많이 있습니다.

문제가 생기는 이유는 우리가 어느 하나만을 고집하거나 강조해서입니다. 그러나 하나의 보기로써, 우리가 성경에서 분명하게 언급하고 반드시 하라고 말한 부분을 원칙으로, 그렇지 않은 부분을 예외로 생각하면서 대화한다면 많은 부분에서 우리는 불필요한 논쟁을 없애고 같이 갈 수 있을 것입니다.

원칙과 예외에서 사실 가장 큰 문제는 우리가 다른 사람에게는 원칙을, 자신에게는 예외를 적용하고 강제한다는 것이겠죠.

해도 되고 안 해도 된다면

대립되는 문제 중에 어떤 문제들은 성경에서 분명하게 언급하지 않기에 해도 되고 안 해도 되는 문제들인데, 이런 문제들은 먼저 교회 역사를 살피는 것과 최소한의 부정을 하면서 다루면 됩니다.

예를 들어 새벽기도회에 대해 나누어 볼까 합니다.

어떤 사람들은 그리스도인이 새벽기도회를 안 한다는 걸 이상하게 생각합니다. 신실한 사람일수록 새벽기도회를 빼

먹지 않고 자리를 지켜야 한다고 말합니다. 개인기도를 잘 안 하는 사람이 많기도 하고, 교회에서 모여 같이 하면 여러 면에서 훨씬 좋으니 새벽기도회가 교회의 공적(이 글에서는 '공적'이란 단어를 '주일 예배 모임처럼 교회의 존재에 필수적인'이라는 의미로 이야기합니다.) 모임이어야 한다고 말합니다. 어떤 사람들은 성경에서 새벽기도회에 대해 말하지 않았으며, 그것을 하고 안 하고 가지고 그 사람의 신앙을 판단하는 것은 지나치다고 말합니다. 개인적으로 얼마든지 자유롭게 기도하면 되는 거지 시간을 강제할 수 없다고 말합니다.

제 생각에 이런 경우는 최소한의 부정부터 조심스럽게 살펴가면 서로 감정이 상하지 않고 이야기할 수 있습니다. 일단 새벽기도회가 성경에서 분명하게 언급되지 않았고, 교회 역사를 봐도 전체 역사 가운데 일부의 기간, 그리고 일부에 의해서 시행된 것임을 함께 확인합니다. 덧붙여 새벽기도회의 긍정적인 의의 자체, 그것을 통해 얻고자 하는 신앙의 열매에 대한 열망 자체가 비판받거나 무시돼서는 안 됩니다.

여러 가지가 더 있겠지만, 이런 식으로 최소한의 사실 확인을 하고 나서 그다음 이야기로 나가야겠습니다.

은혜의 수단으로 말씀과 기도와 성례가 있지만, 새벽기도회를 하는 것만이 기도라는 은혜의 수단을 만족시키는 것은 아닐 것입니다. 새벽기도회를 공적 모임으로 정하자는 이유를 따라 다른 모임들도 많이 만들 수 있을 것입니다. 그 모임들도 공적 모임으로 만들 이유가 다양하고 현실적일 것입니다.

특히 오늘날처럼 장로 본래의 직무인 목양을 위한 심방을 거의 하지 않는 현실에서 교회가 성도 개인의 신앙을 단순히 주일 출석 여부와 헌금, 봉사 유무와 교회 모임 참석으로 (심지어는 수치화하여) 판단하는 것은 안 될 일입니다.

새벽기도회는 주일 예배 모임처럼 교회의 공적 모임과 같은 위치를 갖는다고 말할 수는 없지만, 여러 좋은 이유로 권장할 만한 모임이라고 정리할 수 있을 것입니다. 사람마다 가정마다 저마다의 사정이 있는데 새벽기도회에 출석한다고 믿음이 더 훌륭하다거나, 새벽기도회에 참석하지 않는다고 교회를 사랑하지 않는다고 말할 수 없습니다. 하지만 혼자 기도하기에는 게을러져서 교회에서 함께 기도하면 더 좋은 사람들을 위해 새벽기도회 또는 저녁기도회는 분명 유익한 모임이 될 수 있습니다.

우리는 우리가 잘하고 있고, 좋아하는 것을 다른 사람에게 강제해서는 안 됩니다. "그래도 새벽기도회는 좋은 것이니까", "그래도 이 모임은~", "이 프로그램은 좋은 것이니까"라고 말하며 그것을 안 하는 사람의 신앙을 판단해서는 안 됩니다.

다음과 같이 말할 수도 있을 것이기 때문입니다.

"하나님께서는 말씀을 힘써 알라고 말씀하셨습니다. 이 말씀은 성경을 매일 그냥 한 장이나 세 장씩 읽기만 하는 것에서 멈출 수 없음을 의미합니다. 단순히 본문을 읽기만 하는 것이 아니라 힘써 공부해야 합니다. 그러니 성경을 바로 볼 수 있는 교리서나 조직신학서와 함께 여러 주석서들을 놓고 매일 30분 이상씩은 씨름해야 합니다. 그렇지 않은 그리스도인은 말씀을 사랑하지 않는 사람입니다."

이런 식으로 여러 좋은 것들을 필요 이상으로 기준으로 만들고 강제한다면 신앙은 아주 어려운 것이 되고, 우리는 서로 정죄할지도 모릅니다.

해도 되고 안 해도 되는 문제로 (좀더 생각해서 성숙한 신자에게 적용할 수 있는 것을 모든 신자에게 적용하는 문제로) 교회 안에서 갈등하거나 치열하게 싸우면 안 됩니다. 말 그대로 해도 되고 안 해도 되기 때문입니다. 혹 해도 되고 안 해도 되는 문제로 갈등이 생길 때는 가장 손쉬운 방법으로 그것을 안 하면 됩니다. 다 해결됩니다. 해도 되고 안 해도 되기 때문입니다.

하지만 어떤 모임이나 행사나 어떤 모임에 들어가는 순서 등이 교회의 존재와 하나님을 예배함에 아주 중요하고, 성경에서 분명하게는 아니어도 언급된 부분이 있으며, 교회 역사 속에서도 어느 정도 무게감을 두고 강조되어 왔다면 우리는 그 문제에 대해 시간을 두고(그러나 미루거나 게으르지 말고 최선을 다해) 연구하며 정리해야겠습니다. 이것은 목사와 교수만이 아니라 우리 같은 일반 성도에게도 동일한 권리와 의무라고 생각합니다. 교회는 우리 모두의 교회이기 때문입니다.

우리는 우리와 안 맞는 것을 싫어하는데 그것을 자주 옳지 않다고 말합니다. 여기서 보기로 든 새벽기도회를 찬성하든 반대하든 교회 안에서 이 문제로 갈등이 있다면 우리는 왜 우리가 싸우는지, 무엇 때문에 싸우는지, 그 목적이 무엇인지를 생각해 봐야 합니다. 왜 다른 사람의 신앙을 (어느 쪽으로든) 쉽게 판단하든지, 왜 신앙이 연약한 다른 사람의 신앙을 흔들고, 그들을 배려하지 않는지, 왜 강요하는지, 심지어 받아들이는 사람 입장에서 왜 그것이 핍박까지 되는지를 생각해야 합니다. 나에게 좋은 것이고, 내가 하는 것이므로 다른 사람들도 마땅히 그래야 한다고 생각하는 것은 큰 잘못입니다.

말씀과 교회 전통에서 이전에 보지 못한 새로운 이야기에 대해 말씀을 연구하고 적용하는 자세

신학과 신앙에서 어떤 새로운 이야기를 듣고 그런 프로그램을 접할 때, 혼란스럽거나 어려움을 겪을 때, 결론이 나지 않을 때, 미심쩍은 부분이 있을 때는 성경으로 돌아가는 태도가 필요합니다. 병이 나은 옆 사람의 말이 아니라, 책을 많이 쓰고 영향력이 큰 유명인의 말이 아니라, 큰 교회 목사님의 말이 아니라, 선행을 많이 하는 사람이 아니라, 지식이 많은 사람이 아니라, 경험이 풍부한 사람이 아니라 성경으로 돌아가야 합니다. 성경으로 달려가서 성경이 무엇이라고 말하는지 겸손히 들어야 합니다. 그리고 성경이 무엇이라고 말하는지 분명하게 깨닫기 전에는 함부로 말하거나, 결정하지 말아야 합니다. 그리고 성경이 무엇을 말하든 '아멘'해야 합니다.

만약 누군가가 삼위일체, 칭의, 그리스도의 신성과 인성, 하나님의 주권, 작정 등 성경의 교리를 부인한다면(적극적인 반대가 아니라 미지근한, 미온적인 태도라 하더라도 실제적으로는 부정한다면) 그는 그리스도인이 아니거나, 아직 이런 위대한 신비를 온전히 이해하지 못하는 어린(이 말에는 어떠한 비아냥거림도 무시의 의미도 담겨 있지 않습니다) 신자입니다.

그가 어린 신자여서, 이제 막 믿음의 길에 들어섰기 때문에 몇몇에 대해 혼란스러워한다거나, 잘못된 생각을 가진다면 우리는 그런 부분을 충분히 이해할 수 있습니다. 이때 교회는 적극적으로, 또 지속적으로 그를 지도하고 도와야 할 것입니다.

그런데 그가 어린 신자가 아니라 목사나 신학교 교수일 때는 문제가 심각해집니다. 목사나 신학교 교수는 하나님의 교회를 섬기라고 부름을 받은 사람들입니다. 이미 충분히 배우고 훈련받고 믿음의 비밀을 맛본 자들로서 하나님의 백성을 성경이 가르치고, 가리키는 바대로 목양할 직분을 받았기 때문입니다.

만약 목사나 교수가 삼위일체, 그리스도의 신성과 인성, 칭의, 구속의 절대 주권, 작정 등에 대해 성경이 말하는 바른 이해를 갖지 못했다면 그는 교회의 치리를 받아야 합니다. 더는 목회와 가르치는 사역을 해서는 안 됩니다.

교리는 학문의 대상(문제)이 아니라 믿음의 대상(문제)이기 때문에 어떤 사람이 아무리 세상적인 관점에서 어떤 교리에 대해 학문의 진보를 이루었다 하더라도 그것이 성경에서 벗어난 것이라면 그의 주장은 수정되거나 (수정할 기회를 주었음에도 입장을 바꾸지 않는다면) 폐기되어야(정죄되어야) 합니다. 업적이 중요한 것이 아니라 믿음의 문제기 때문입니다.

누군가는 그것이 성경을 벗어난 것임에도 학문적인 가치가 뛰어나므로 인정하자고 말할 수 있습니다. 그것이 신학의 학문일까요? 무엇을 위한 학문일까요? 저는 그런 학문이라면 차라리 아무런 학문적 진보도 없었으면 좋겠습니다. 왜냐하면 신학이란, 신학교란 (우리 같은 성도들이 대다수인) 교회를 위한 것이기 때문입니다.

지금 당장은 죽는 것이 아니지만, 짧지 않은 시간 동안 체내에 쌓이면 일찍 죽음에 이르게 된다는 성분이 아이들이 먹는 어떤(이전까지는 맛있고 몸에도 어느 정도 이롭다고 알려진) 음식에 들어 있다는 보도가 있다고 할 때 사람들의 일반적이고 당위적인 반응은 어떻겠습니까? 그 보도의 진위를 정확히 파악할 때까지 아이들에게 그 음식을 먹지 않도록 할 것입니다. 아이들은 물론이고 일반인은 전문가들이 그 문제를 어떤 개인적인 이익을 배제하고 객관적이고 정의로운 조사와 연구에 따라 판단해 주기를 바랄 것입니다. 전문가들은 바로 그런 일들을 해결하여 사람들을 돕기 위한 사람들입니다.

어떤 교리에 대해 아직 분명하게 결정내릴 수 없다면, 그리고 그에 대한 여러 입장 차이가 있다면 교회와 신학교는 일반 성도들이 그런 설교나, 그런 강의나, 그런 책을 접하도록 하지 말고 사사로운 이익과 감정을 배제하고 성경이 말하는 것과 일치하는지에 대해 두렵고 떨리는 마음으로 먼저 조사해야 합니다. 그 후에 신자들에게 그에 대해 알리며 지도해야 합니다.

아직 충분히 조사하지 못해 명확한 결정을 내릴 수 없는 상황에서, 또 그에 대한 여러, 그리고 심각한 위험에 대한 문제 제기가 있는데도 이에 대해 조심스럽지 않은 태도로 아무런 지도 없이 몇몇 긍정할 만한 부분만을 언급하며 성도들에게 그 교리, 또는 그런 가르침에 대해 추천하는 것은 합리적이지 못하며, 바르고 건강한 것이 아닙니다. 너무 무책임하며, 연약한 자들에 대한 배려와 사랑이 없는 것입니다. 교회를 사랑하는 것이 아닙니다.

직접 들어 보거나 읽어 보라고 하는 것은 어떤 면에서는 원칙적으로 대단히 중요하고 마땅히 그래야 하나 항상 그런 것은 아닙니다. 대부분의 일반 사람은 무엇인가를 직접 판단하는 데 어려움이 많습니다. 역시 이를 위해 소위 전문가, 즉 교회에 목사와 장로와 교수를 하나님께서 세우셨습니다.

많은 경우, 많은 문제는, 많은 사람이 정당한 이의 제기가 있을 때 그 이의 제기에 대해서는 변론을 회피하면서, 자신들이 좋아하는 부분만을 강조한다는 것입니다.

지난 시절, 진리에 대한 바른 지식이 없는 상태에서 직접 읽어 보라는, 직접 들어 보라는, 직접 경험해 보라는 많은 분의, 많은 권유와 가르침에 따라 듣고 읽고 경험했던, 다시는 듣거나 읽거나 경험하고 싶지 않은 거짓되고 영혼을 망가뜨리는 많은 것을 접했던 기억이 납니다. 제가 다른 사람에게 그렇게 하기도 했다는 것에 더욱 참담한 심경입니다.

직접 읽어 보고, 직접 들어 보고, 직접 경험해 볼 것은 성경과 교회사가 이미 분명히 선포하고 가르쳐 온 것들뿐입니다. 그리고 그런 좋은 것들은 이미 많고, 우리 같은 일반 성도들은 그것들을 부지런히 섭취하기도 벅찹니다.

혹 어떤 것이 우리에게 이전에는 맛보지 못했던 어떤 탁월함과 신선함, 몇몇 유익을 준다 해도, 그 안에 심각한 오류와 거짓이 있다면, 그것의 전제와 목적과 실천적 내용이 성경에 합치하지 않으며, 하나님을 높이지 않는다면, 우리는 세상적인 기준에서 학문적 정체나 퇴보를 맞는다 하더라도 교회를 안전하게 하는 데 온 힘을 기울여야 합니다.

늘 새로운 주장을 해야 인정받고, 늘 다르게 생각해야 참신하며, 이전을 부정해야 탁월하다고 말하는 세상과 달리, 신학은 하나님을 높이고, 하나님께 마땅히 돌려야 할 것을 돌리며, 교회를 세우고, 건강하게 하는 것이기 때문입니다. 진리는 영원하기 때문입니다.

저는 이러한 이야기도 진리를 사랑하는 말의 태도 중 하나라고 생각합니다.

사람들의 진지한 문제 제기를 가벼이 여기지 않기

교회에서 어떤 작지 않은 문제가 발생했을 때 그 문제를 인식한 사람들은 "어떻게 이럴 수 있냐?"고, "이게 말이 되냐?"고, "이게 성경이 말하는 거냐?"고 물을 것입니다.

일단, 어떤 사람들이 진지하고 심각하며 무겁게 생각하는 주제를 우리는 결코 가볍게 대해서는 안 됩니다.

우리가 어떤 문제를 무겁고 심각한 것으로 여기는데, 다른 사람들이 그것을 가볍게 여길 때 우리는 얼마나 화가 나겠습니까? 우리는 "왜 그들은 우리가 제기한 문제에 정당한 이유를 제기하지 않고 넘어가려 하는가?", 또 "왜 시간을 두고 찬찬히 살펴보지 않고, '정말 그러한가?'라는 태도로 고민해 보지 않고 함부로 말하는가?" 하며 분노하지 않겠습니까?

그렇게 문제 제기하는 사람에게 "뭘 그렇게까지 생각하느냐", "어쩔 수 없지 않냐", "나는 괜찮은데?", "나는 좋은데 왜?", "그럼 지금 어떻게 하자는 거냐!", "너만 옳다고 생각하냐!", "내가 틀렸다는 거냐!"고 말하고 문제를 바로잡지 않고 넘어가려거나 "그럼 네가 한번 해봐라. 얼마나 잘하는지 보자!"고 도리어 역정을 낸다거나 "다만 기도하자"고만 말하는 것은 때로 잔인하기까지 되기도 합니다. 오히려 문제를 더욱 심각하게 만들 때가 많습니다. 교회도, 문제를 제기한 사람들도 골병이 들어갑니다. 계속되면, 이렇게 시간이 흐르면 교회에 대해 고민하는 사람들이 교회에서 더 이상 소망을 보지 못합니다. 결국 교회를 떠나게 됩니다(될 수 있습니다). 아마 오늘날 가나안 성도라고 불리는 사람들 중 많은 사람이 지역교회를 떠난 것은 교회에서 이런 소망을 보지 못해서일 것입니다.

어떤 경우든 교회가 끊임없이 개혁해 나가는 모습이 얼마나 가치 있으며, 그런 노력과 태도가 어떻게 교회를 건강하게 해주는지를 보여 주는 것은 아주 중요합니다.

한편으론 이런 문제 제기들이 드러날 때 무조건 바로 무엇인가를 판단하고, 결정하고, 바꾸는 것이 맞을까요? 제기된 어떤 문제들은 오랜 시간 동안 계속돼 왔고, 그래서 많은 사람이 정말 문제라고 생각하는 것일 수 있습니다. 어떻게든 해결해야 한다고, 뭐라도 해야 한다는 여론이나 분위기, 의식이 형성되어 있을 수 있습니다. 하지만 해결 방법에서는 사람들마다 차이가 있을 수 있습니다. 문제 자체가 세상에서 우리가, 교회가 완전하지 않기 때문에 생겼는데, 이 해결 방법만이 완전한 것이라고 주장할 수 없을 것입니다. 없습니다. 어떻게 해결할 것인지에 대해서도, 문제를 의식하고 그 문제가 어떻게 성경에서 멀어졌는지를 판단하는 것만큼 훨씬 지혜로워야 하고 성경에 대해서 잘 알아야 하고 사람에 대해서도 잘 알아야 합니다.

하나님의 주권과 섭리 위에서, 하나님의 인도하심을 간절히 구하는, 성경과 교회사에 정통하고 다른 사람에 대한 사랑이 큰 성숙한 교회일수록 더 건강하고(저는 '완전한'이라고 말하지 않고 있으며, 그렇게 말할 수 있는 것도 없다고 생각합니다) 지혜롭게 문제를 해결할 수 있을 것입니다.

여기서 우리는 교회가 무엇인가를 잘 알고 있어야 바르게 판단할 수도 있음을 알 수 있습니다. 유일하며 궁극적인 권위인 하나님의 계시, 성경과 하나님께서 어떻게 교회를 만들어 오셨는지, 또 교회가 어떻게 성경에 자신을 비추며 맞추었는지를 보여 주는 교회사와, 그것을 위해 교회에서 다스리고 배우고 거룩하게 살기 위해 만든 교회 정치를 잘 알아야만 사실 무엇이 문제인지도 알 수 있고, 문제가 생겼을 때 어떻게 해결해야 하는지도 알 수 있는 것입니다.

다시 돌아가서, 어떤 문제들은 즉각적으로 알 수 있는 것들도 있습니다. 성숙한 교회일수록 더욱 그럴 것입니다. 그러면 사랑으로 문제를 드러내 놓고 이야기하면 됩니다. 해야 합니다.

또 어떤 문제들은 단순히 취향의 문제에서 비롯되는 것들도 있습니다. 아, 부디 이런 문제는 우리가 주인이 되지 맙시다. 상대방에게 맞춥시다. 상대가 좋아하는 것, 상대에게 유익한 것으로 합시다. 서로 그렇게 합시다. 그것이 성경에서 먼 것이 아니라면, 나는 이도 좋고 저도 나쁘지 않다면 상대방에게 맞춥시다.

이 모든 일에 사랑의 태도가 필요합니다. 우리는 현재 지금 내가 알고 있는 지식이나 판단이 최종적인 것이라고 생각해서는 안 됩니다. 지금 우리가 알고 있는 선에서는 내 생각이 옳은 것 같아 보여도 상대방의 생각이 훨씬 성경적일 수 있음을 생각해야 합니다. 그렇게 생각하면 소신은 있되, 더 성경적인 진리의 빛이 비추이면 언제든지 우리의 생각을 바꿀 수 있습니다. 그것은 부끄러운 것이 아닙니다. 부끄러운 것은 바꿔야 할 것을 바꾸지 않는 것일 뿐입니다. 이것을 단순히 우리가 이기고 지고의 문제로 전락시키는 것은 얼마나 슬프고 비통한 일입니까! 겸손하고 배우는 마음으로 서로 의견을 개진하고 다른 사람들의 말에 귀 기울이면서 대화하고 제기된 문제에 대한 해답을 찾아가는 것이 바로 사랑으로 말하는 진리가 있는 교회입니다.

겸손

우리는 우리가 좋아하는 장점은 크게 보고, 우리가 비판하는 대상의 약점은 크게 부각시키는 일에 자연스럽습니다. 슬프게도 때로는 탁월하기까지 합니다.

또, 우리는 직접 찾아서 확인해 본 적 없으면서 누군가에게 들은 이야기만 가지고 어떤 주제나 대상들을 판단합니다. 또 일부만 보고 나서 전체를 다 판단합니다.

어디서 들은 이야기나 자신이 살핀 부분만을 가지고 우리만이 진리의 가장 큰 보석을 발견하고 차지한 것처럼, 다른 보석들은 이 보석에 비하면 참으로 하찮고, 무가치하기까지 하다고 생각합니다. 우리는 그렇게 생각하지 않는다고 생각하면서 말입니다. 그리고 우리가 발견한 보석들을 우리만큼 중요하게 생각하지 않는 사람들을 불쌍하게 생각하기도 하고 때로는 쉽게 정죄합니다.

이것이 나름 열심을 내는 우리의 자화상입니다.

우리가 겸손해야 하는 이유는 진리 때문입니다. 하나님께서 무한하시기에 우리는 진리를 다 알 수 없습니다. (우리 중 아무도 완전하지 않고, 가장 지혜롭고 지성이 탁월한 사람도 부족하며 실수할 수 있다는 사실이 우리가 알 필요가 없다는 핑계를 정당화해 주지 않습니다. 오히려 그렇기 때문에 우리는 더욱 겸손하게 배워야 합니다.) 그래서 무슨 주제로 이야기를 하든, 어떤 문제를 놓고 상대방과 의견을 나누든 우리는 우리가 (우리의 유한함으로) 제한적일 수 있으며, 우리의 죄성 때문에 우리에게 적의가 있음도 기억하고 조심스럽고 신중한 태도로 이야기해야 합니다.

우리가 잘 듣지 않으면서 우리 얘기를 잘 들어주리라 기대하거나 그것을 권리처럼 생각하는 것은 부당합니다. 그런데 겸손은 이런 우리의 태도를 바꾸어 줍니다. 그것은 겸손이 하나님께서 우리에게 주시는 선물로 거룩한 성품 가운데 본질이기 때문입니다. 겸손이 사랑으로부터 흘러오기 때문입니다. 그래서 겸손은 몇 마디 말을 듣고서 성급하게 판단하여 말하지 않게 합니다. 그 사람의 상황과 여러 생각을 충분히 듣고 문제에 대해 이야기하게 합니다. 또 어떤 주제에 대해 누군가와 이야기할 때도 겸손은 상대방을 주께서 피로 사신 존귀한 그리스도인으로 대하게 합니다. 상대방을 우리보다 낫게 여기기 때문입니다. 우리가 우리 자신을 사랑하는 것처럼, 상대방의 이야기를 듣고 이해하려 애쓰며, 마음을 쏟게 됩니다.

겸손에 대해 성경이 얼마나 많이 다루고 있는지만 생각해도 겸손은 신앙에서 아주 중요한 부분이 분명합니다. 성경은 무엇보다 그리스도인에게 겸손할 것을 요구합니다. 우리는 그중 이 책의 주제와 관련된 내용을 조금 살펴보고자 합니다.

> 젊은 자들아 이와 같이 장로들에게 순종하고 다 서로 겸손으로 허리를 동이라 하나님은 교만한 자를 대적하시되 겸손한 자들에게는 은혜를 주시느니라(벧전 5:5).

비슷한 많은 말씀들이 있는데, 이런 말씀들이 가르쳐 주는 것들은 교회의 질서와 그 안에서의 권위와 순종입니다. 특히 젊은 사람들은 지식과 경험 면에서 장로(넓게 포함해 어느 정도 나이가 있는 장년들까지)에 비해 많이 부족합니다. 하나님 아는 지식을 충분히 배우고 바른 가르침에 따라 충실하게, 충분히 먼저 배우는 것이 하나님께서 기뻐하시는 뜻입니다. 하나님께서는 겸손한 사람들에게 은혜를 베푸신다고 약속하셨습니다.

> 아무 일에든지 다툼이나 허영으로 하지 말고 오직 겸손한 마음으로 각각 자기보다 남을 낫게 여기고(빌 2:3).

이 말씀을 살펴보면 겸손하지 않을 때 다툼이나 허영이 일어남을 볼 수 있습니다. 다툼이나 허영으로 하지 않으려면 겸손한 마음으로 자기보다 다른 사람을 낫게 여겨야 합니다.

이런 말씀들을 보면 우리가 겸손할 때 다툼 없이 교제하고, 교회 생활을 할 수 있음을 알 수 있습니다. 겸손이 진리를 사랑으로 말할 수 있게 해주는 것을 보게 됩니다.

> 헛된 영광을 구하여 서로 노엽게 하거나 서로 투기하지 말지니라(갈 5:26).

이 말씀을 보면 우리가 서로 노엽게 하거나 서로 투기하는 이유 중 하나가 바로 우리가 헛된 영광을 구하기 때문입니다. 우리는 하나님의 나라와 그 의를 위해서가 아니라 우리 자신의 이름과 의를 위해 분노할 수 있음을 앞에서 살펴보았습니다.

> 거만한 자를 책망하지 말라 그가 너를 미워할까 두려우니라 지혜 있는 자를 책망하라 그가 너를 사랑하리라(잠 9:8).

교만한 자는 결코 교회에서 사랑받을 수 없는데 그가 지혜와 사이가 좋지 않기 때문입니다. 하나님께서는 "눈이 높고 마음이 교만한 자를 내가 용납하지 아니하리로다"(시 101:5) 하고 말씀하십니다.

겸손한 사람은 어떤 문제를 논하거나, 누군가와 갈등할 때 지혜의 사랑을 받게 되며, 그래서 결국은 하나님께서 하나님의 이름을 위하여 그를 높여 주시는 것을 보게 될 것입니다.

새로 입교한 자도 말지니 교만하여져서 마귀를 정죄하는 그 정죄에 빠질까 함이요(딤전 3:6).

이 말씀은 많은 생각을 하게 합니다. 이 말씀은 장로와 집사 직분에 대해 설명하는 내용 중에 나오는데, 일차적으로는 가르치고 목양하는 장로 직분을 위해 주신 말씀이지만, 전체 내용을 생각해서 확대 적용하면 교회에서 신앙생활을 시작한 지 얼마 안 되었거나, 자격이 안 되는 사람이 다른 사람을 가르치거나 교회를 운영해서는 안 된다는 것을 알 수 있습니다. 쉽게 교만해질 수 있고, 알지 못하는 많은 일들에 대해 부족한 지식으로 판단을 해야 하는 상황에서 실수를 저지르기가 쉽기 때문입니다.

오늘날 여러 교회에서 열심만 있으면(보통은 출석만 열심히 하면) 서리집사직에 임명하고, 리더의 위치에 세워 교회를 섬기게 하는 것과는 다르게 말하고 있습니다.

여러 말씀들을 생각할 때 나이가 어리고, 신앙생활이 길지 않은 사람들은 바로 그 이유로 다른 사람들보다 더욱 겸손해야 합니다.

저는 나이가 있고, 하나님의 은혜와 신앙의 많은 아름다

움과 유익을 누린 분들은 그런 이유로 더욱 겸손하실 것을 확신합니다.

이런 겸손한 마음과 태도들은 교회를 건강하게 하고, 우리 신앙을 아름답게 유지시켜 줄 것입니다.

겸손은 일상에서의 작은 일과도 관련이 있습니다. 다른 사람으로부터 무엇인가를 당연하게 여기는 순간 우리는 겸손에서 멀어지게 됩니다.

교회에서 모임을 위해 의자를 나르고 자리를 정돈하는 일은 흔히 있는 일입니다. 어떤 사람들은 남녀 구분 없이 이 일을 모두의 일로 생각하는 반면, 어떤 사람들은 그렇게 생각하지 않는 경우도 있습니다.

어떤 사람들은 당연히 남자가 의자를 옮겨야 한다고 생각합니다. 힘을 쓰는 일이니 여자는 말고 남자가 해야 한다고 말합니다.

저는 일단 의자를 옮기는 일은 누구나 할 수 있는 일이라고 생각합니다. 실제 남녀가 같이 하는 교회가 많습니다. 저희 교회에서도 화재가 났을 때 장소 재배치를 위해 수백 개의 의자를 옮겨야 했을 때 남녀 구분 없이 청장년 모두가 힘써 일했습니다. 평상시에도 남녀 구분 없이 합니다.

우리는 기본적으로 "남에게 대접을 받고자 하는 대로 너희도 남을 대접하라"(눅 6:31)는 말씀을 생각할 수 있습니다. 우리는 말씀 그대로 우리가 대접받고자 하는 대로 남을 대접해야 함을 명령받습니다.

사실 이것은 명령을 떠나, 서로 주고받고의 어떤 거래를 떠나 우리 마음의 태도가 다른 사람들을 기쁨으로 섬겨야 하는 문제일 것입니다. 이것이 다음에서 볼 말씀과 관련되어 있습니다.

여기서, 이 글을 읽는 분 중 어떤 분들은 무슨 예가 그러느냐, 그런 일 가지고 뭘 그렇게까지 진지하게 말하느냐고 말씀하실지도 모르겠습니다. 하지만 이런 일들이 교회에서 아주 심각한 정도로 다루어지지는 않아도 종종 몇몇 사람들을 어렵게 만드는 문제, 즉 실제적인 문제이기 때문에 말씀드림을 이해해 주십시오.

이어서 말씀드리겠습니다. "예수께서 이르시되 네 마음을 다하고 목숨을 다하고 뜻을 다하여 주 너의 하나님을 사랑하라 하셨으니 이것이 크고 첫째 되는 계명이요, 둘째도 그와 같으니 네 이웃을 네 자신같이 사랑하라 하셨으니"(마 22:37-39). 우리는 우리 자신을 사랑하는 것처럼, 우리 자신을 사랑하는 것 이상으로 우리 이웃을 사랑해야 합니다. 이 말씀은 우리가 다른 사람에게 받아야 할 어떤 것도 말하지 않습니다. 다른 사람을 사랑해야 할 사랑의 의무만이 드러납니다.

어떤 형제도 아주 무거운 짐을 옮기는 일에 자매를 부르지 않을 것입니다. 한다고 해도 말릴 것입니다. 하나님께서 이런 일에 적합하도록 보다 많은 근육과 힘을 주신 것은 형제이기 때문입니다. 하지만 의자를 옮기는 일은 그렇지 않습니다.

많은 문제가 무엇인가를 당연하게 여기는 데서 발생합니다. "내가 남자니까 이렇게 해 줘", "내가 여자니까 이렇게 해 줘"는 권리가 아닙니다. 우리가 권리를 주장하면 상대방은 의무를 지게 됩니다. 우리가 당연하게 생각하면 상대방에게는 짐이 됩니다.

남자와 여자, 부모와 자녀, 또는 목사와 성도 등 여러 관계에서 우리는 우리가 대접받고 싶은 것을 바랄 때가 있습니다. 우리 입장에서 그것을 욕심낼수록, 그것을 당연하게 생각할수록 그것은 우리에게 부당한 권리가 될 수 있음을 보았습니다.

하지만 우리는 조금 다르게 볼 수 있습니다. 상대방이 바라는 것을 우리 입장에서 사랑과 기쁨으로 해줄 수 있는 의무로 생각하면 전혀 다른 것이 됩니다.

아담과 하와는 타락 전에 서로 요구하기보다 지극한 사랑으로 서로를 높여 주며, 상대방에게 자신을 맞추었을 것입니다. 저는 그것이 성경이 말하는 사랑이라고 믿습니다. 다르기 때문에 나를 그에게 맞추는 것, 사랑하기 때문에, 나보다 낫게 여기기 때문에, 그에게 맞추고 그가 바라는 것을 하는 것 말입니다.

이런 사랑은 요구하는 권리로 생각하지 않고 즐거운 의무와 행복한 책임으로 생각하게 합니다.

사랑은 그런 것이며, 이것이 겸손입니다.

한 가지 적용을 이야기하며 이 이야기를 마칠까 합니다.

우리는 우리 자녀들에게 성별에 따라 다음과 같이 이야기할 수 있습니다.

우리는 우리 아들들에게 "너는 남자이니 너보다 힘이 연약한 여자들을 힘껏 도우라"고 말할 수 있습니다. "너는 여자들에게 받는 것을 당연하게 여기지 말고, 혼자서 할 수 있는 일은 혼자서 할 것이며, 오히려 여자들을 돕는 것을 기쁨으로 여기어라", "다른 사람들이 네 어머니와 너의 여자 형제를 기쁨으로 돕는 것을 상상하면서 섬겨라" 하고 말할 수 있습니다.

우리는 우리 딸들에게 "너는 남자들에게 받는 것을 당연하게 여기지 말고, 혼자서 할 수 있는 일은 혼자서 할 것이며, 오히려 남자들을 돕는 것을 기쁨으로 여기어라", "다른 사람들이 네 아버지와 너의 남자 형제를 기쁨으로 돕는 것을 상상하면서 섬겨라", "너는 여자이니 여자로서 할 수 있는 일들로 힘껏 도우라"고 말할 수 있습니다.

우리는 둘 모두에게 말할 수 있습니다.

"너희는 너희보다 어린 사람들을 경시하지 말고 그들의 말에 귀 기울이며, 그들의 어려움을 모른 체하지 말고 도울 수 있을 때 힘껏 도와라."

"너희는 너희보다 웃어른을 겸손하게 공경하며, 그분들의 말씀을 주의 깊게 듣고, 항상 자신을 살펴야 한다."

우리는 교제하는 자매나 아내에게 "이런 건 해줘야 하는 거 아니야?", "이런 건 당연히 네가 해야지" 하고 말합니다. 그러나 받는 것을 좋아하거나 당연하게 여기는 사람과 우리 딸이 교제하거나 결혼하는 것을 바라지 않습니다.

우리는 교제하는 형제나 남편이 우리가 여자이기 때문에 해주길 바라는 것들이 있습니다. 하지만 받는 것을 좋아하거나 당연하게 여기는 사람과 우리 아들이 교제하거나 결혼하는 것을 바라지 않습니다.

우리는 상대에게 교만한 태도로 부당한 권리를 주장하지 않습니다. 다른 사람이 우리에게 기쁜 마음으로 베푸는 사랑을 우리는 절대 우리의 권리로 생각해서는 안 됩니다. 우리 마음을 가득 채우는 것은 우리 이웃을 향한 겸손한 마음과 사랑의 의무입니다.

세워 주기, 낮은 자세로 말하기

"지금 말씀하신 대로(부분은)…."

"저도 그렇게 생각했습니다(생각합니다)." 이런 말은 공감하는 말을 한 사람을 격려하고 응원합니다. "네, 그렇습니다", "정말요~", "역시!" 등의 말들 외에도 우리는 많은 말을 알고 있고 또 잘 사용하고 있습니다.

한편 우리와 생각이 다른 사람과도 원만하게 이야기할 수 있는 말들이 있습니다. "지금 말씀하신 OOO에 대해 정말 공감합니다. 저는 ㅁㅁㅁ 부분은 이렇게 생각하기는 하지만 그 말씀(OOO)에는 정말 찬성합니다." 이런 말들은 우리와 생각이 다른 사람에게 그래도 우리가 최소한의 부분에서는 함께하는 부분이 있다는 마음을 전합니다. 함께 동의하고, 함께 고백하는 부분을 서로 확인하는 것은 불필요한 감정의 논쟁을 줄여 주고, 서로를 가까이서 대화하게 해 줍니다. 조금 감정이 들어간 논쟁 가운데 있는 상황에서도 이런 말들은 서로의 마음을 상당 부분 누그러뜨려 주기도 합니다.

대화를 할 때 상대방이 말한 것을 받아서 말하면 상대방은 자신의 말을 듣고 있다고 생각하게 됩니다. 또 존중받는 느낌을 갖게 됩니다. 우리가 존중하지도 않고 상대방의 말을 그다지 귀담아듣지 않으면서 사용하면 문제겠지만 실제 그러한 경우에는 말로 표현함으로써 우리의 마음을 전하는 것이 좋습니다. 표현하지 않으면 모르는 경우가 정말 많습니다. 좋은 것은 되도록 표현하여 서로 아는 것이 좋습니다. 우리가 존중하고 있고, 사랑하고 있으며, 마음을 써서 듣고 있다는 것을 알리고, 상대방은 그것을 알게 되고, 그것을 알게 된 상대방의 마음이 따뜻해진다는 것을 또 우리가 안다면 대화도 잘 되고 교제도 풍성해질 것입니다.

'일반적으로'라는 말은 주의해서 써야 합니다. 우리는 무엇인가를 주장할 때 이런 말을 잘 사용합니다. "보통은 그렇지 않나요?", "일반적으로는~"과 같은 말은 우리의 주장이 일반적이고 정당한 것이라는 말맛을 담고 있습니다. 그러나 적지 않은 경우 이런 말들은 막연한 것들을 지칭하는 경우가 많습니다. 또, 일반적이라는 말이 가리키는 바가 성경이나 일반사회의 어떤 미덕을 기준으로 하는 것이 아니라 시대 흐름 등을 가리키는 경우 상대방의 반발을 살 수 있습니다.

많은 경우, "제가 알기로는~", "제 경험상으로는~", "제가 배운 바로는~", "이러이러한 경우도 있잖아요~", "제 생각에는~"과 같은 말들을 사용하면 좋습니다. 우리가 틀릴 수 있고, 우리가 알고 있는 게 제한적일 수 있음을 인정하고 전제하는 이런 조심스러운 말들은 말하는 우리를 겸손하게 만들어 주기도 하지만 상대방도 겸손하게 만들어 주기도 합니다.

사회에서는 어떤 직무에 관한 경우 경험이 많은 사람이 보통은 지식도 지혜도 많은 편입니다. 그래서 기본적으로는 나이가 더 많기 때문에 존중하고 높여 주기도 하지만 그의 많은 지식과 경험 때문에 더욱 높이는 것입니다.

교회에서도 나이 많은 사람과 나이 적은 사람의 관계는 기본적으로 사회와 비슷합니다. 하지만 교회는 진리의 공동체입니다. 교회의 일은 성경에 충실한 지식과 경험으로 이루어 나갑니다. 따라서 단순히 어떤 지식이 많다고, 단순히 쌓은 연륜이 많다고 그 사람의 생각과 일의 방식이 높임을 받아야 하는 것은 아닙니다.

나이 많은 분들 입장에서는 이러한 내용을 기억해 주셔서 비록 상대방이 젊은 사람이고 일에 서툴지라도 그의 생각과 행동이 성경에 충실하면 그의 나이가 아니라 성경에 충실한 그의 지식과 그의 진리에 대한 사랑과 열정 때문에 그를 존중해 주시면 좋겠습니다. 제 주위에는 나이에 비례하여 하나님에 대한 사랑과 진리에 대한 온전한 지식 또한 풍성한 어르신들이 젊은 사람이라고 무시하지 않고 이야기를 잘 들어주시며, 기꺼이 존중해 주시는 멋진 분들이 많이 계십니다.

젊은 분들 입장에서는 기본적으로 그분의 나이 때문에도, 또 그 사랑과 열정 때문에도 무슨 일에서든 겸손한 태도로 먼저 많이, 충분히 배우고 따르시면 좋겠습니다.

저는 이런 이야기들이 단지 '기술'이 되지 않기를 바랍니다. 마음에서 우러나오는 것이야말로 덕이 되니까요. 그 말이 기술인지 아닌지, 마음이 담긴 진정인지 아닌지 우리도 알고 상대방도 알고 있으니까요.

무릇 더러운 말은 너희 입 밖에도 내지 말고 오직 덕을 세우는 데 소용되는 대로 선한 말을 하여 듣는 자들에게 은혜를 끼치게 하라(엡 4:29).

3
덕을 세우고 은혜를 끼치기 위해

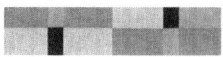

좋은 음식을 깨끗한 그릇에

깨끗한 물이냐 아니냐만 중요한 것이 아니라 그 물을 담고 있는 그릇도 중요합니다. 독이 들지 않는 물이기만 하면 되는 게 아닙니다. 더러운 손으로 물을 만지면 깨끗한 물도 더러워집니다. 음식은 잘 만들었지만 건강하고 질 좋은 재료가 아니라 상하고 시든 재료로 만들었다면 혹 그것이 보기에 좋고 맛이 있다 하여 좋은 음식이라 할 수 있을까요?

우리는 그 사람을 높이 생각하는 만큼 좋은 음식을 정성스럽게 대접하려 합니다. 그런 음식을 대접하면서 결코 "쳐먹어!" 하고 말하지 않습니다.

그래서 어떤 말을 사용하느냐는 아주 중요합니다. 어떤

단어를 사용하느냐에 따라 전해지는 생각과 개념이 달라지기 때문입니다.

썸을 탄다는 말과 구혼을 준비한다는 말은 얼마나 다른가요? 같은 상황을 이야기하는 것 같지만, 우리는 같은 상황에서 전혀 다른 가치관을 전제한 말을 사용하면서 완전히 다른 방향으로 생각과 대화가 전개되는 것을 볼 수 있습니다.

상처 주는 말, 인격을 모독하는 말, 쉽게 판단하고, 나만 옳다는 전제하에 하는 많은 말이 관계를 망치고, 진리를 수준 낮은 것으로 만들어 버리고, 복음전파에 방해가 됩니다.

남자들은 원래 그래 / 여자들은 원래 그래
애들이 다 그렇지 뭐~
왜 나이 먹으면~

과 같은 말들은 결코 사랑으로 하는 말이 아니며 때로 모욕적이기까지 합니다.

또 우리는 동료 그리스도인을 향해 결코 '감히', '일개 집사가~'와 같은 표현을 써서는 안 됩니다.

깨끗한 것을 좋아하면서 깨끗하게 하려고 하지는 않는 우리….

아니, 아니요….

좋은 음식을 깨끗한 그릇에 담아서 마음을 담아 건네주어야겠습니다.

그래서 다음과 같은 내용도 여러분과 같이 생각해 보고 싶습니다.

아무리 옳은 내용을 말하더라도 말하는 이의 태도가 무례하거나 가볍다면 듣는 사람은 그 말에 귀 기울이지 않습니다. 그렇게 하기가 힘듭니다. 왜냐면 말은 단순히 글자와 표현만이 아니기 때문입니다. 말은 글자와 표현을 감싸고 있는 억양, 표정, 눈빛, 제스처, 무엇보다 마음의 태도까지 전달되는 의사소통이기 때문입니다. 더구나 연구 결과에 따르면 말의 내용 자체보다 말과 함께 전달되는 이런 분위기가 훨씬 많은 의미를 전달합니다.

그래서 전달되고 있는 내용에 대해 잘 모르는 경우, 듣는 사람들은 말하는 사람들의 태도에 영향을 받습니다. 말을 감싸고 있는 태도를 보고 말이 전달하는 내용의 가치와 진정성을 판단하게 되는 것입니다. 그가 얼마나 확신에 차 있으며, 얼마나 겸손하며, 얼마나 신중하며, 얼마나 배려하며, 얼마나 열정적으로, 어떻게 균형 있게 말하는지를 보고 판단하는 것입니다. 그리고 그런 태도와 분위기에 따라서 마음을 열거나 닫는 것입니다. 이후에도 내가 계속 이 이야기에 관심을 둘지 말지, 시간을 두고 고민을 해야 할지 말지를 말입니다.

가볍게 말하거나, 독선적이거나, 연약한(나이가 어려서 판단이 부족하거나, 감정적이거나, 지적으로 어린 즉, 아직은 말하는 사람이 말하는 지식에 대해 아는 게 많지 않은) 사람들을 배려하지 않거나, 확신에 차서, 아주 무거운 내용으로 말하지만 실제 말하는 사람은 삶에서 그가 강조하고 확신하는 것으로 말하는 것에 그가 몸부림치는 것과 실천하는 것이 부족하면 듣는 사람은 그 말들로부터 당연히 마음이 멀어지게 됩니다.

청소년이 사춘기를 겪는 큰 이유 중 하나가 부모의 언행불일치라는 연구 결과는 오늘날 많은 신자가 겪는 영적 사춘기의 이유가 무엇인지를 어느 정도 보여 주는 것 같습니다.

덕을 세우고 은혜를 끼치기 위해

하나님께서는 우리가 말하는 내용만이 아니라 우리가 말하는 태도 또한 덕을 세우는 일에 쓰이길 원하십니다.

> 무릇 더러운 말은 너희 입 밖에도 내지 말고 오직 덕을 세우는 데 소용되는 대로 선한 말을 하여 듣는 자들에게 은혜를 끼치게 하라(엡 4:29).

우리가 같은 표현이라도 상대방을 최대한 배려해서 단어를 골라 말하는 이유는, 우리가 겸손한 마음으로, 배우는 자세로, 섬기는 태도로 말하는 이유는 "오직 덕을 세우는 데 소용되는 선한 말을 하여 듣는 자들에게 은혜를 끼치게" 하기 위해서입니다.

말은 곧 그 사람의 인격을 드러냅니다. 그런데 그리스도인의 말은 단지 그리스도인이 어떤 사람인지만을 드러내는 것이 아니라 그리스도가 어떤 분이신지까지 드러냅니다. 세상 사람들은 하나님을 알지 못합니다. 그래서 하나님이 아니라 하나님을 믿는 사람들을 보고 평가합니다. 우리가 말이 험하고 행동이 거친 아이들을 볼 때(우리는 이런 아이들이 무조건 문제가 있다고 생각해서는 안 되겠습니다) 부모가 교육을 잘못했다고 말하는 것처럼, 세상 사람들은 그리스도인의 말과 행동이 일치하지 않고, 덕이 되지 않으며, 세상 사람들과 다를 바 없고, 오히려 더욱 악할 때 실제로 그리스도를, 하나님을 부정적으로 판단하게 됩니다.

세상에서도 아 다르고 어 다르다 말합니다. 사랑을 담아내는 말과 분노를 담아내는 말에 따라 화초나 물이 살거나 죽는 것을 우리는 압니다. 진리를 말함도 같습니다. 아니 더욱 분명한 결과를 냅니다. 우리가 동료 그리스도인에게 말할 때, 또 아직 하나님을 모르는 사람에게 복음을 전할 때 우리의 말들은 그 말을 듣는 사람들을 살리기도 하고 죽이기도 합니다.

평소에는 친절해 보이지만 자기와 조금 맞지 않기 시작하면 비아냥거리고 이죽거리는 사람들이 있습니다. 이들은 자신들이 '원래' 친절한 사람이지만 상대방 때문에 지금 정당한 화를 내고 있다고 생각합니다. 친절을 베풀었는데, 상대방이 도를 넘어서 자신이 그에 상응하는 반응을 하고 있다고 생각합니다. 실제로는 가면을 쓴 것임에도 말입니다.

자신의 말을 다 받아 주고, 자신을 따르는 사람에게 친절한 것은 누구나 할 수 있는 일입니다. 자신과 잘 맞지 않을 뿐만 아니라 자신에게 반대하는 사람에게까지 최대한 예의를 갖추고 친절한 것은 (그렇다고 절대 분노할 일이 없다거나 마음 상하는 일이 없다거나, 서로 얼굴 붉히는 일이 전혀 없다는 것은 아닙니다) 아무나 할 수 있는 일이 아닙니다. 하지만 그리스도인은 할 수 있습니다. 하나님의 은혜 때문입니다. 그토록 하나님을 적대한 자신을 용서하신, 그런 우리를 받아 주신, 하나님의 진노를 받기에 지극히 합당한 우리에게 진노가 아니라 그리스도를 주신 하나님의 은혜 때문에…. 그리스도인은 그 은혜 때문에, 그 베풀어 주신 믿음을 따라 할 수 있습니다.

> 또 무엇을 하든지 말에나 일에나 다 주 예수의 이름으로 하고 그를 힘입어 하나님 아버지께 감사하라(골 3:17).

그리스도인은 무엇을 하든지 말에나 일에나 다 주 예수의 이름으로 하는 사람들입니다. 말이든 행동이든 무엇을 하든 주 예수님을 위해, 주 예수님의 이름으로 하는 사람들이 그리스도인입니다. 그리스도께서는 주와 구주이시기 때문입니다.

> 내가 너희에게 이르노니 사람이 무슨 무익한 말을 하든지 심판 날에 이에 대하여 심문을 받으리니(마 12:36).

 모든 무익한 말, 다른 사람을 쉽게 판단하고 정죄하며, 교만한 마음으로 대하고, 우리의 유익을 구하며, 우리 자신의 헛된 영광을 구한 모든 말은 마지막 날에 반드시 심판을 받을 것입니다.
 그러나 하나님의 영광을 위해, 베풀어 주신 은혜에 감사하여 행한 모든 말, 다른 사람들의 유익을 위하여 섬기고, 다른 사람들의 행복과 신앙의 기쁨을 위해 노력한 모든 말은 마지막 날에 상을 받을 것입니다.

그리스도인의 표지

(이 소제목은 프란시스 쉐퍼가 지은 책 제목이기도 합니다. 이 소제목 아래의 내용은 제가 프란시스 쉐퍼에게 빚진 것입니다. 관심이 있

으신 분은 프란시스 쉐퍼 전집에 들어 있는 『그리스도인의 표지』라는 책을 한번 읽어 보시길 권합니다.)

앞서 잠깐 나누었지만 우리가 사랑으로 진리를 말해야 하는 큰 이유가 있습니다.

> 새 계명을 너희에게 주노니 서로 사랑하라 내가 너희를 사랑한 것같이 너희도 서로 사랑하라 너희가 서로 사랑하면 이로써 모든 사람이 너희가 내 제자인 줄 알리라(요 13:34-35).

> 저희도 다 하나가 되어 우리 안에 있게 하사 세상으로 아버지께서 나를 보내신 것을 믿게 하옵소서(요 17:21).

이 말씀들이 가리키는 바는 다음과 같습니다. 우리가 서로 사랑하지 않으면, 하나가 되지 않으면 세상은 우리가 그리스도인인지 모른다는 것입니다. 그들이 우리를 그리스도인이라고 생각할 만한 것이 없다는 것입니다. 우리의 모습이 서로 전혀 화합하지 못하고, 전혀 배려하지 않은 채 싸움질만 하는 것으로 비쳐진다면 세상 사람들이 우리 안에 진리가 있다고 생각할 만한 이유가 없기 때문입니다.

앞서 말씀은 우리가 서로 사랑함으로써 우리가 예수 그리스도의 사람이라는 것을 나타낼 수 있다고 말합니다. 물론 우리는 나타내지 않아도 여전히 그리스도인일 수 있습니다. 그러나 우리가 그리스도인임을 나타내려면 우리는 표지(사랑)를 보여야만 합니다.

또 성경은 우리가 서로 사랑함으로써 우리가 예수 그리스도의 사람이라는 것뿐 아니라 하나님께서 예수 그리스도를 보내셨다는 것을 증거하는 표지가 된다고 말합니다. 특별히 "저희도 다 하나가 되어"(요 17:21)라는 말의 의미가 큽니다. 다 하나가 되어야 세상은 하나님께서 예수 그리스도를 보내셨다는 것을 믿을 것이기 때문입니다.

네, 사랑은, 하나됨은 그리스도인의 표지입니다. 우리는 사랑으로, 사랑을 보여 줌으로써 하나님께서 어떤 분이신지와 이 진리가 얼마나 참되고 아름다운지를 동료 그리스도인과 세상을 향해 증거하게 됩니다.

무릇 더러운 말은 너희 입 밖에도 내지 말고 오직 덕을 세우는 데 소용되는 대로 선한 말을 하여 듣는 자들에게 은혜를 끼치게 하라(엡 4:29).

글을 닫으며

이 책은 모든 사례를 다 담지 않았습니다. 그럴 수도 없고요. 다만 몇 가지만이라도 우리가 함께 고민해 보고, 실천하기 시작한다면…. 이 책에서 이야기하는 몇 가지 원리를 계속 생각하면서 신앙생활을 한다면 우리 자신과 섬기는 교회 모두 더욱 아름답지 않을까 합니다.

힘들게 글을 썼습니다. 저의 죄와 실수를 써야 했기에 너무 창피했습니다. 그래서 이전 어느 책보다 힘들었고, 그래서 더욱 조심스럽게 쓰려고 했습니다. 그럼에도 혹 저의 의가 드러나 있다면 모두 저의 죄입니다. 그럼에도 혹 드러나는 저의 미숙함이 있다면 제 잘못이 맞습니다.

그래서 다시 한 번 독자 여러분의 이해와 용납과 사랑을 바랍니다. 부디 사랑으로 저를 봐 주시고 제가 이 책에 충실할 수 있도록 기도와 지도 부탁드립니다.

이 책에서 이야기하지 않은 몇 가지 이야기들이 있는데, 졸저 『독서 모임 "대답은 있다" 이야기』와 『송영을 위한 독서』에 담겨 있습니다. 이미 읽으신 독자분들께는 중복되는 내용이기 때문에 여기에 담지 않았으니 혹 관심 있으신 분들은 찾아서 읽어 보셔도 좋을 것입니다.

이제 글을 닫습니다.

성경에 따르면 사람은 마음에 가득한 것을 입으로 말합니다. 우리의 말과 그 말을 담고 있는 그릇은 결국 우리 마음이 무엇으로 채워져 있는가를 드러내는 것이라고 볼 수 있습니다. 우리의 말과 말그릇은 우리의 신앙이 무엇인지를 보여 줍니다.

하나님을 사랑하지 않는 사람은, 진리를 높이지 않는 사람은, 이웃을 우리 몸과 같이 여기지 않는 사람은 말과 행동으로 그것을 드러냅니다. 진리에 게으르고, 하나님의 영광을 구하지 않고, 자신의 명예와 유익이 실제 모든 것의 기준이 되게 하며, 다른 사람들을 쉽게 포기하고, 사랑할 만한 사람만 사랑하는 것입니다.

하지만 하나님을 사랑하는 사람은, 진리를 높이는 사람은, 우리 이웃을 우리 몸과 같이 여기는 사람은 진리를 힘써 배우고 지키며, 하나님의 영광을 구하고, 하나님의 영원하신 말씀이 말과 행동과 모든 삶의 기준이 되게 하며, 다른 사람들을 겸손과 온유함으로 섬기고 사랑합니다.

하나님의 은혜를 더 많이 받을수록 더욱 그러합니다. 하나님의 사랑을 더 많이 깨달을수록, 더 많이 용서받은 자로, 자신의 무가치함과 죄악의 크기를 크게 깨달을수록 더욱 그러합니다.

그래서 그는 하나님의 이름을 위해, 주께서 피로 사신 우리 주의 나라와 교회를 위해 덕을 세우고 은혜를 끼치게 하는 말을 사용합니다. 사랑으로 진리를 말합니다.

그는 사람을 잃지 않고 얻습니다.

그는 교회를 건강하게 하는 거룩한 지체입니다.

무엇보다 그는 그가 사랑하는 것 때문에 하나님의 사랑을 증거하며,

그가 사랑하는 것 때문에 이 진리가 참되고 아름다우며 따뜻하다는 것을 보여 줍니다.

네, 물론 이 세상에서 우리는 완전한 모범을 볼 수 없습니다. 안타깝게도 이 세상에서의 우리의 사랑은, 마음과 마음의 교제는 완전하지 않습니다.

전하는 도구의 한계와 우리 자신의 미숙함과 여러 다른 이유로, 특히 우리 죄 때문에 우리의 진심이 오해받거나 왜곡되거나 충분히 전달되지 않아 우리는 답답하거나 아플 때가 있습니다.

그러나 저 천국에서는 이런 일이 결코 없습니다.

거기서 우리는 서로 사랑하고 마음을 나누고 전하는 데 아무 방해도 받지 않게 됩니다. 우리는 거룩하시고 완전하시며 사랑으로 충만하신 하나님 안에서 우리에게 허락된 사랑의 크기와 정도와 모양을 아무 제약 없이 서로 나눌 것입니다. 우리는 진리로도, 사랑으로도 서로를 흡족히 알게 되고, 진리와 사랑으로 영원히 함께할 것입니다.

사랑으로 말하는 진리

펴 낸 날	2016년 4월 10일 초판 1쇄
	2020년 11월 1일 초판 2쇄
지 은 이	한재술
펴 낸 이	한재술
펴 낸 곳	그 책의 사람들
편 집	서금옥
디 자 인	참디자인
판 권	ⓒ 한재술, 그책의 사람들 2016, Printed in Korea.
	저작권법에 의하여 한국 내에서 보호를 받는 저작물이므로
	무단 전재와 복제를 금합니다.
주 소	경기도 수원시 권선구 여기산로 42, 101동 313호
전 화	0505-273-1710 **팩 스** 0505-299-1710
카 페	cafe.naver.com/thepeopleofthebook
메 일	tpotbook@naver.com **페이스북** www.facebook.com/tpotbook
등 록	2011년 7월 18일 (제251-2011-44호)
인 쇄	불꽃피앤피
책 값	6,000원
ISBN	979-11-85248-15-8 03230

이 도서의 국립중앙도서관 출판시도서목록(CIP)은
서지정보유통지원시스템 홈페이지(http://seoji.nl.go.kr)와
국가자료공동목록시스템(http://www.nl.go.kr/kolisnet)에서 이용하실 수 있습니다.
(CIP제어번호: CIP2016006363)